呼啸的阳光 著
邢万军 主编

欧阳修

醉醒两亭台，浮沉一青山

北方文艺出版社

图书在版编目（CIP）数据

欧阳修：醉醒两亭台，浮沉一青山 / 呼啸的阳光著
. —— 哈尔滨：北方文艺出版社，2019.3（2020.8 重印）
（走近诗词品人生 / 邢万军主编）
ISBN 978-7-5317-4385-9

Ⅰ.①欧… Ⅱ.①呼… Ⅲ.①欧阳修（1007－1072）
－人物研究②欧阳修（1007－1072）－宋词－诗词研究
Ⅳ.①K825.6②I207.23

中国版本图书馆CIP数据核字（2018）第257082号

欧阳修：醉醒两亭台，浮沉一青山
Ouyangxiu Zuixing Liangtingtai Fuchen Yiqingshan

作　者 / 呼啸的阳光	主　编 / 邢万军
责任编辑 / 路　嵩　张贺然	封面设计 / 琥珀视觉
出版发行 / 北方文艺出版社	邮　编 / 150008
发行电话 / （0451）86825533	经　销 / 新华书店
地　址 / 哈尔滨市南岗区宣庆小区1号楼	网　址 / www.bfwy.com
印　刷 / 三河市嵩川印刷有限公司	开　本 / 710mm×1000mm　1/16
字　数 / 182千	印　张 / 13.5
版　次 / 2019年3月第1版	印　次 / 2020年8月第3次印刷
书　号 / ISBN 978-7-5317-4385-9	定　价 / 36.00元

序

倘我和他，隔了几生几世的烟雨，本无瓜葛，似乎是。黑白时光的明灭闪烁，多少花开花落都已付诸清浊之水，任它东西南北流，散尽色形。史学家们的笔管蘸尽砚台的墨香，挽留了又挽留，人潮汹涌，又能有几人到当下？

若他，只是一介政客，纵是挽救了几番江山倾倒或坍塌，却于我，也只是窗外一缕闲风。这不是，他写诗文，我读文字，也就有了这穿越的交集。千年我不以为远，半懂我也喜欢，若那似醒似醉，倾心向往，倾情读吟。书架上多少典籍淡了颜色，蒙了尘垢，斑驳酥脆，渐渐疏远。唯他的文字，在我掌上一页一页翻展，如花开。日是晨曦，夜是月烟，轻笼漫溢我醒梦之间的年华，那般无色无香的日子，因为与他的邂逅而诗意如虹，五彩又芬芳。

"醉翁之意不在酒，在乎山水之间也。"谁说这是一句道破玄机的箴言？这般浅薄的解，哪懂了他如海的心胸、如峰的情怀？

初心本就有如日月，磊磊问天，软软抒情，又怎么能念了一山一水而忘归？亭间一壶酒，说醉，心清明；言翁，情韶华。官道上烟尘轻腾，可是帝王的诏书千里抵达？酒壶倾倒，洒一地清澈，润了谁的文章？可惜，哒哒而来，哒哒而远，不知谁人逐云朵，这般急。心底有叹息，却不言丝毫颓废。也罢，都说壶中日月长，展素笺，挥竹管，琅琊山一记，顿时天下纸贵。

狄管写向往，巨笔书梦想，任岁月起伏，还是文章初心；出清寒而不妄自菲薄，得权势却又躬身草木，何时何地都与民心同齐。

知了他的文，解了他的心，懂了他的人，也爱了他的仕途人品。文幽于情，谏锐如箭，亦情亦理。在文与政之间转换自如，把握起伏尽风景，浮沉自在。高处是峰岭，一柱浩然立；低处为溪流，一倾自在去。

这才是他的山水。峰是社稷，溪是文章，哪是只醉心山水？

若我在北宋，哪怕千里万里也去约了他。于政，他是金銮殿上的常客，我为一介草民；为文，他是宗师领袖，我只识三五文字。落差三千丈，自是难以约了，翻山越岭，却只为我爱我心我倾情。更可叹，江山已经远，物不是，人也非，远远地望了，惹我声声叹息。

好吧，错过了，我也不悔，隔了光阴相约也不错。他是醉翁亭中的文宗，我只做那亭外远了几个朝代的一株车前子，铺地是虔诚的叶，再抽一串串精致细密的薹，举几炷心香，祭他的词文魂灵。哪怕我萎成枯黄，老成尘烟，无言也祭，只为他的种种开创。那端说道，也引领一代风潮，更有那提携后学，成世代佳话。

谁似他，进退有文章，荣辱有江山？这心境，翻几遍史书，实在是少有人在。更赞他能激流勇退，归隐乡里。

竹管立大地，写世间风华；笏板朝苍天，问江山烟云。浮沉两巍峨，都是青山一座。锐意改革，却难乘东风；倡导简明，却阻碍纷至，想到他，我总想起夏季的郁郁葱葱。不是吗？什么时候也似乎是生机在心中。读了再读，也掩不了卷，锦绣一生，而最后忽然却有了散尽酒香终为水的淡然。

"藏书一万卷，集录三代以来金石遗文一千卷，有琴一张，有棋一局，而置酒一壶。"你若不醉，谁人能醒？多少后来人，高山仰止说"六一"，唯有归来是。从此再不弄季节烟雨，淡然文字于琴棋酒之间，任你任他任我说道着。这般大释然，真好。

目 录

第一章 孤寒少年

梅蕊犯寒开 / 003

惊笋欲抽芽 / 007

青红春自华 / 011

第二章 春风初步

上马若鸿翩 / 017

望望不可到 / 021

春浓花世界 / 024

意气曾谁让 / 028

第三章 伊洛云月

伊水清潺潺 / 035

文酒聊相欢 / 040

旁有堕钗横 / 045

送哭声嗷嗷 / 050

野水苍茫起 / 057

独为未归客 / 061

留芳待客归 / 065

第四章　知与谁同

飞到秋千处 / 073

秋节最劲豪 / 079

江月开清辉 / 087

携酒问邻翁 / 091

坡上见峡州 / 096

零落风前乱 / 102

第五章　力振文政

其志万里途 / 111

红粉自生香 / 117

君子之明也 / 121

浩歌自成伤 / 126

柳黄霜正白 / 131

第六章　渐向寂寞

明月高峰巅 / 137

吹我还醒然 / 143

山色有无中 / 149

声杂雨荷干 / 153

应恨我来迟 / 158

清明也绝伦 / 164

墨不分浓淡 / 169

春蚕食叶声 / 175

第七章 归去来兮
憔悴人应怜 / 183
自脱头上巾 / 188
唯有归来是 / 194
落照在高峰 / 199

后　记 / 203

第一章

孤寒少年

梅蕊犯寒开

梅花,小时候就是我的最爱。虽然不曾亲眼见到过,更不懂其骨、韵、神等诸多梅的神韵,但这般傲寒的花枝,在画页里常常看到,也就远远地爱了。我没有生在那样的风雅之地,于冬天也少有这样那样风雪中的枝叶,更不要说梅般的花朵,但喜欢得却丝毫不虚浮,竟然朝朝暮暮地都在心里。

那时候喜欢画画,尤爱画花,最爱的自然是梅,也就抹黑为枝干,点红为花朵。涂涂点点,彼为得意,常常忘情于这红黑之间。如今再看儿时的涂鸦,自是笑得风高浪急,但对梅,却是更加地喜欢了。

青葱年华,也和一个叫梅的姑娘一见成缘,牵牵依依不觉已经是半生云尘。这般幸福花开,果然不枉了我少小对梅的痴爱。

看来是,缘生缘起缘在心啊,不是吗?

对于欧阳修,只是因为他的一篇文章,那自然是《醉翁亭记》。知了他的文,也就爱了他的人。仰望之中才觉得他是我心中的梅花一树。无论他身处何样苦寒的境地,依然锦绣在心,傲骨在身,毫无悲怯之声。即使权居峰岭之巅,还是大有品节和虚怀。特别是繁华过后,归于自然,更见青青心境。最是落叶萧萧的时候,不失风骨铮铮笑对云舒云卷。

宋朝,是历史中艺梅的兴盛时代,欧阳修当正是应了这岁月的机缘。我与他在书卷中相遇，再不愿是擦肩而过的匆忙，从此翻捡着北宋的文字细细品咂。

文字，是当下人与他相牵的缘。

一切，从四川绵州的一所半旧的院子说起。墙是青砖，方方正正地围起几间房子，虽然大小不一，倒也很规整。漫墙有几株青藤，依门是几棵绿植。西墙下，一丛翠竹；东墙边，似是一篱蔷薇。院中间，有一株小小的枝叶，细了看，却是新栽的梅树小苗。求风骨，更求朝气，当是主家的心境。这般院落，朴素之中倒也有几分品味，自不是一般的民间宅院。上房临窗的桌椅间，一个中年男人正手持书卷，但似又无心文字，面有忧郁之色。这就是欧阳观。

欧阳观，一个四十九岁才考中进士的老男人，实在用不上大器晚成之说，更何况他一直碌碌于底层官吏之中，没有风云作为。但故事无法让你绕开他，一绕就是我的错。

景德年间，对于欧阳观来说，不是欣喜的岁月，年纪堪堪半百有余，仕途灰暗，更让他心生凉意的是，膝下无儿女承欢。至于前妻，虽然育有一子，他却一纸休书，将母子二人散于老家的荒野之中，也就一并忘却了。后来孩子长大，千里迢迢来相认，欧阳观虽然勉强认下，却一直冷冷相待，竟然不如下人能得到他的一点儿温言热语。这般倒也惹了邻人亲朋不少的怨责，但欧阳观却从无悔意，难说不是遗憾。

是谁负了谁？

爱恨纠葛，有时不说也对，有时不说也错。更何况这般早已迷漫于历史之中的情感烟雨，对错本来就无处说。

再娶的郑氏，也曾是望族之后，只是到了她这一代，已是家道中落，不见繁茂之姿，但毕竟是有诗书的濡染，厅堂之上，房厨之中，很是得体。更在欧阳观夜理公务的时候，秉烛持扇，理难解愁，这让他大得宽慰，很是欣喜。转年郑氏孕满，生下一个孩子，可很快夭折了，这让欧阳观心中的喜悦瞬间水泼冰镇了一般。

一个五十多岁的男子，如树木在秋，落叶渐疏，不见前程，也就视儿女为春天了，对孩子的渴望想来是迫切的，再遭遇这样的打击，实在是有点儿承受不起。那些日子，也真的就是冬天的景致，寒意阵阵，悲情瑟瑟。

少妻懂他，植一株幼梅，续欧阳家的根脉，传他的风神。

错过的，也许就是无缘，不论怎样的情感。孩子也是。父母儿女，缘聚一家，是几生几世的好缘分？

这般的说道，不过是劝人的辞令。身在其中，又有几人能自解心结？

好在郑氏年华正蓬勃，很快又怀孕了，这让欧阳观又打起了精神。处理完官衙的事务，也就急急忙忙回到家中。看着妻子日渐丰盈的腹部，他是欢喜又担忧，生怕再出什么差错。作为一个小小的军事推官，虽然没有多少俸银，但欧阳观尽量想方设法侍奉好妻子的饮食，扶持好她的起居，除非是官事推脱不开，很少让下人们动手，多是他亲力亲为。

说来欧阳观此人，比郑氏大了三十岁，本有老夫少妻之怨幽。但时日渐深，欧阳观正直仁善，清廉勤勉。特别是审理案卷，尤其认真，一一细查，绝不潦草行事，冤屈一位好人。诸般的好，让郑氏感念在心，再怀身孕，也就格外小心，以期能顺利产下一个健壮的儿子，好为欧阳家绵延烟火，更憧憬孩子长大成才，光耀门庭。每每丈夫伏案夜读，她轻抚男人的脊背，都充满不尽美好。

窗外，那株小树苗，正沐浴在甜甜的月光里。风，浅浅地吹着。

景德四年（1007）六月二十一日，正值盛夏，当为荷香盈门，蛙鼓敲窗的日子。深夜，欧阳观无心这些，他在外屋地上来来回回地踱着步，时不时地搓几下手，稍显焦虑。灯光将他的影子忽高忽低、忽东忽西地映在墙上。里间，郑氏的呻吟声不时传来，让他心神难定。他从来没有这样紧张过，对他来说这的确是一个尤为重要的日子。

一丝风也没有，好闷，欧阳观解开了几粒小衣的扣子，却依然烦乱。

为了舒缓自己的心情，欧阳观走到了院子里，他长长舒出了一口气，望向夜空。那里，繁星点点，璀璨美丽，这让欧阳观的心稍稍放松了下来，朦胧中想起了遥远的老家，和更加遥远的童年。一缕月光一样的笑意，在他的嘴角淡淡泛起。忽然，高空中亮起一颗明星，是那样的璀璨，似乎比那西斜的下弦月还要明亮。恰在此时，一声婴儿的哭声高亢地传来。欧阳观愣了一下，倏地冲进了里屋。

疲惫的妻子软软地笑着，而她的身旁一个肉肉的小人儿，正手脚乱舞地大哭叫着。

寅时，这声男婴的哭声，对于欧阳观冷冷的心境，对于这个冷冷的家境，真的就是一枝梅花破寒而开，日子忽然就热火了，忽然间就芬芳了。

欧阳观从没发现妻子这么漂亮，他这个老男人，一时竟有些不知所措，只是扎撒着双手傻傻地乐着。这个早就做过父亲的男人，也忽然发现孩子竟然是如此的可爱，在他心里，这才是他第一个儿子，真正的儿子。

窗外，晨光熹微，星星黯然，唯有那颗星，愈显明亮……

童年，是每一个人最美好的时光，从咿呀学语，到蹒跚学步，那水一样纯净的日子，清澈、透明、唯美、无邪，动是波光粼粼，静就映了蓝天白云，伴了鸟语花香。

四岁的年纪，真的不叫人生。人生，太过于老气横秋。绵州的欧阳修，也度过了这样一个清澈的童年，清澈得了无尘烟，清澈得没有记忆，清澈得无处可着笔墨。

欧阳修不写，我也不写，真的，无论多么美好的文字，也无法写就孩提那最初的时光涟漪。只有那棵小梅树，一季一季长高。

惊笋欲抽芽

远方，对每一个人来说，都有一个自己心中的远方吧？无所谓期待，无所谓盼望，无所谓追求，这多是少小年纪的一种小小幻念，时不时在心中泛起，如天边的云朵。那时，也许不懂得远方是什么，只是意念中的一种神秘之地。

不知道你小时候是否有这样的闪念，我却是，常常独自发呆，晴日里有，星夜里有，遥想着不知的远方，没有具体的所指，只是一片茫然的心灵烟岚。

许是因了这孩提时心里的臆念，我才有了后来的背井离乡，从此流浪八荒，至今，依然漂泊在路上。

在路上，对于第一次出远门的欧阳修来说，那绝对是一种新奇与惊喜。

宋真宗大中祥符三年（1010），通往泰州的官道上，一辆马车不急不缓地辚辚而行，车上正是欧阳修一家人。前些日子，一纸诏书到达绵州，欧阳修的父亲欧阳观只好奉旨赴任泰州军事推官。一路山水，一路风雨，一路日夜，这一切对于仅仅四岁的欧阳修来说无一不是欢呼，他望着窗外，不时地尖叫着，还时不时地和母亲说上几句，"娘，快看，那山好高好高啊。""娘，那山上的水一直往下流，是从哪里来的呀？"郑氏用微笑回答着儿子，偶尔还抚摸一下他的小脑袋。而欧阳观闭目斜倚着车厢，略显倦怠，就像他倦怠了官场这般，无心一路的风景。

风景和人一样，看一眼都是缘。可欧阳观不是不惜缘，年近六十岁的他，已经懂得了宿命，就像他和妻子、儿子，虽然相亲相爱，但不会一直车马同行。一个驿站有你，一个驿站无他。没有什么缘是不败的花朵，永远暖在掌心。有风，才有景。风，本就是一种到来和失去，惹你心中的尘埃。

看懂缘起缘灭，你早就不是少年。枯了的年华，已经不惹风雨。欣喜几何，其实正是老与不老的刻度。

泰州，对欧阳修来说，这一个远方，只是他记忆中的一闪念，也许根本就没留下什么，但这里绝对是他人生的转折地，从此那弄水玩泥无忧无虑的童年再无处寻觅。清澈，再无。

小小的他，无从觉悟，命运却已经布下没有退路的格局，没有左右。

人生就是这样，一个折转看似无足轻重，经年再经年之后回望，路，已经是大相径庭的春秋风雨。一磨砺，也许成就了宝剑的锋芒；一苦寒，也许成就了梅花的芬芳。古语不是街头的闲言，往往是大智慧的哲思。的确是。

也许是一路的颠簸吧，到达泰州的欧阳观身体就不曾舒展过，他只是勉力支撑着，不敢马虎于公务，不敢苟且于卷宗，然而，拖沓日久，再也无法坚持，终于躺倒在病榻上。是夜，欧阳观也许知道自己时日无多，他拉着欧阳修的手，静静地望着妻子，他那目光里是有许多的不舍，是有许多的希望和嘱托的吧？偶尔亮色一闪，他是否又想起了妻在绵州院中栽下的梅。

爱上一座城，是喜欢一个人。对郑氏来说，悲伤于一座城，是失去一个人。短暂的泰州，却是深渊的抵达。郑氏从来没有像现在这样真切地感受到，原来欧阳观这个五十九岁的老男人竟然是她不能失去的依靠。可不能失去，却生生失去。欧阳观的病逝，让她顿然手足无措，她号啕大哭。小小的欧阳修也大声地哭喊着。其实，他还不懂得悲伤，只是见母亲的痛哭而感到害怕而哭。

欧阳观只是一个底层小官，本就廉洁奉公，又加上他喜欢扶弱济贫，也就没有给家中留下什么积蓄，对欧阳修母子来说，日子实在是难以为继的。好在欧阳观虽上任泰州日子不久，但因为他生前的好名声，有同僚和百姓们接济这个塌了天的家。但，这终不是长久之计，郑氏不得不再想其他办法。这个原本藤蔓一样的女人，忽然间要挺起腰成为家庭的廊柱，可实在是无力和无奈。天地苍茫，她竟然发现没有哪里是自己一家人的栖息之地，泪水再次漫溢了她的脸颊。忽然，她的眼前闪现一丝光亮，她想起了欧阳观的弟弟。

三口之家而来，三口之家而去，听着没有什么，却已经不是食可饱，衣有暖的曾经。丈夫离去，小女儿的出生，家，再没有什么可遮挡风雨。

泰州，怕是哪里也不见了郑氏的泪痕？原本是，若没有后来欧阳丰碑一样的身躯，即便是翻遍所有的史料，也不会找到郑氏这样一个普通女人的影子吧？

普通，就是烟尘，悠然散去，再无影迹。

可是，一个母亲来过，在这里留下了她匆匆的背影，在泰州的书志里，留下泛黄的印记。今天的泰州人读起，感叹应该用更多的善良将这母子三人留下。

远行，又一次远行，欧阳修却没了那种新奇，一路默默无语，在他原本清澈的心中，似乎正渐生尘烟和悲苦吧？他开始感觉到了命运的鼓点，正轻轻地敲在他的心头。而郑氏，忐忑着，随州，将是她一家三口怎样的一个远方呢？

随州，终是到了。

一路的艰辛不必多说，一个女子，手里牵着四岁的儿子，怀里抱着几个月的女儿，诸多的困难可想而知。然而，让郑氏安下心来的是，她从小叔欧阳晔的目光里，看到了和丈夫一样的良善和温厚。

见到嫂子和两个孩子，欧阳晔一种悲伤涌上心头，想不到和哥哥几年前的分别竟成永诀。他上前一步，抱起欧阳修，他决定倾尽自家的所能，来抚养这一双儿女，以慰胞兄的魂灵。

很多的时候，就是这样，那些身边或者远方的亲人，没有感觉到那么重要和亲切，但关键的时候，你却会感觉到那种爱是在血液里，一种让你无法舍却的澎湃和撞击。不是吗？

在远方，在某一片荒野抑或公园的角落里，每每看到一株狗尾草的时候，我都格外激动。因为那是小时候老家门口和房檐上的小草。亦似这种亲情，不在岁月里时时摇曳，却一遇春风就点点萌绿，因为那些情感的籽粒早已布满心中。

心若在，绿就起。血脉情深，不在身外。

郑氏虽然出身在没落的望族，粗重的活计还是做不来的，但毕竟非常勤劳，再加上她非常感激小叔子对她一家人的收留，所以也就更为勤苦，将家收拾得井井有条。

许是父亲的离世，让欧阳修忽然懂事了许多，在母亲的引导下，他对书卷开始喜欢，一本简单的启蒙教材，他常常能看到日落西山。

绵州，欧阳修的出生之地。泰州，他生命的第一个远方。而随州是他小小的又一个到达，然而，这里其实才是他人生蹒跚初步的地方，因为一颗文艺的种子正是在这里悄悄萌芽……

青红春自华

　　一朵春花的欢颜，一羽秋叶的薄凉，这不是文艺的全部，文艺的四季里，承载了太多太多。没有一颗文艺的心不历尽风霜。

　　当然，欧阳修的童年，我们不能用太过沉重的词句，但对于一个想读书识字的孩子来说，实在是困难了许多。叔叔欧阳晔微薄的薪酬支撑这一大家子人都免为其难，实在不能为他提供笔墨纸砚、应时的教材，更不要说请教书先生了。好在他有一个识得许多文字的母亲，引导着他在知识的路途上慢慢起步。

　　郑氏知道，作为欧阳家的骨血，欧阳修是丈夫生命最后的寄托和期望，她对孩子就非常严格。但她明白，玩耍毕竟是孩子的天性，不可过于苛刻儿子的学习，所以她在忙完家务之余，时常带孩子到城外走走。那天，她寻得一片小小的沙地，在那里，她带孩子插草为森林，堆沙为峰岭，划一条沟痕为河流。一家人竟然成了"开创江山"的伟人，玩得好不开心。当一切抹去，又可以重整"山河"。忽然，郑氏灵机一动，抹平一片沙地，用荻秆在那里写下了"天地人"几个字。欧阳修毕竟是一个聪明的孩子，他一阵欢呼，也抹平了眼前的沙土，学着母亲一笔一笔地勾画着。

　　写了，抹去；抹了，再写……欧阳修觉得这特别有趣。于是，晨光里，晚霞中，这里成了欧阳修的大课堂。

狭隘的心胸，是不会有壮美的情怀的。而欧阳修，也许正是沙地上无拘无束的学习方式，成就了他自然、随性、亲和的文风吧？

初心镌刻，一生相随。

沙滩上这个勤奋好学的小小身影，感动了不少当地的好心人，他们十分怜爱欧阳修，常常借书给他，甚至还送一些纸笔。就这样，从草秆树枝画沙开始，小欧阳修渐渐接触到更多的文字。那些借来的书籍，他不仅用心去读，名篇佳作更是反复读诵，甚至抄录下来。那时的宋朝，颇为流行晚唐诗韵，欧阳修在母亲的引导下，也都细细琢磨，那种精巧的构思，深入浅出的格调，深深影响了欧阳修，一直到他的晚年。

勤奋，是成功的捷径。

欧阳修的确是一个极上进的孩子，他不肯错过每一次可以学习的机会。有一次他和母亲在一个庙宇前发现了一座唐朝大书法家笔迹的石碑，他无数次来到这里，小小的手指沿着那阴刻的文字慢慢滑动着、滑动着。从此，这石碑的记忆，也就一直矗立在他的情怀里。后来他为官处处，无不专注于考录金石，从而编就了我国最早的金石巨著《集古录》。

宋太祖赵匡胤虽然是马上的皇帝，但非常崇尚文治天下，因为他的倡引，宋朝历代帝王都注重文化建设，由此读书之风蔚然天下。在这种大环境下，好学的欧阳修成为一方父母们教育孩子的榜样，大人们也都希望自己的孩子能和他交朋友。这使得欧阳修身边聚集了一帮渴求上进的孩子，也使他接触到了更多的文集书卷，知识更加丰富充盈。

写到少年时的欧阳修，情节无法绕过随州城南的一座宽大的院落，这就是欧阳修的好友李尧辅的家。李家虽然不是权震一方的官宦门庭，但家境富足，上下老小又都以书香为爱，所以家中藏书尤为丰富。李尧辅常常约了一帮小伙伴们到家中玩耍，疏密得当的亭台楼阁之间，参差交错的树木花草之中，就成了他们嬉戏的乐园。

李家大人虽然身处富贵，但绝不为富不仁，对出出进进的每一个孩子都非常喜欢，任他们四处疯闹，从不喝斥。那一天，小伙伴们捉迷藏，一个孩子为了藏得更严密些，钻进了一个大房子的夹壁墙中，狭小的空间里堆了不少的杂物。他使劲儿往里挤着，忽然一脚踩翻了一个筐，哗啦啦滑落出来一堆书。这些孩子本就是好奇的年龄，再加上他们非常好学，便将书收拾到了屋地上，各自挑选自己喜欢的。欧阳修相对这些孩子来说，读的书更多更杂，那些书他大都看过，也就不怎么感兴趣。忽然，一本被小伙伴踩在脚下，非常破旧的《昌黎先生文集》引起了他的注意。欧阳修接触过许多的书典，但"昌黎先生"的名字他却是第一次看到。他几步向前，翻开书卷，只读了几行，那自然入心的文字，就让他激动起来。他急忙跑到李家伯伯的房内，恳求借阅这本书。

李尧辅的父亲对欧阳修本就非常喜爱，更何况那是一本非常破旧的书，也就很爽快地答应将那书送给他了。欧阳修不敢相信自己的耳朵，瞪着一双大眼睛怔怔地看着李尧辅的父亲。等李尧辅的父亲又说了一句："那书，是你的了。"他才躬身说道："谢谢李伯伯。"然后转身飞也似的跑出了李家的大门。

欧阳修双手抱着那本书，在大街小巷里狂奔着，他觉得自己得到了一生中最大的宝贝。

"娘！娘！"他激动地叫着母亲，跑进了家门，不小心被门槛绊了一下，呼地扑在了地上。郑氏心疼地去扶他，他把捂在胸前的书看了看，说："没事，没事，宝贝还好好的。"

《昌黎先生文集》成了欧阳修床边的最爱。

偶然，似乎是生活中一个不起眼的细节，但偶然却时常能改变一个人的命运，甚至是历史的宏大走向。岁月长河中有多少偶然，让史学家的笔锋一顿再顿，甚至反复转折，也让后来人一一惊诧。

一本书，却是一世缘，成就了一朝文化的辉煌，你待怎惊叹？

夹壁中的那筐旧书，多是普通的书卷和一些破旧不堪的文集，在李家看来，是上不了桌案和书柜的了，被当旧物处理了。若没有那次偶然，也许就会慢慢腐败霉烂。可正是那次偶然，欧阳修恰好在，恰好爱，也就成就了与韩愈隔着朝代的烟雨遥遥相望的另一座文学高峰。

在母亲和叔叔的教育和鞭策下，欧阳修文德双修，进步飞速，小小少年名满千家，一时间春风十里，飞流三千。

涢水虽匆匆，却映照着一个少年的影子，千年更匆匆，却依然见那波光点点。

小小随州，出土了曾侯乙墓编钟的随州，欧阳修也是这里真正孕育的文化奇迹。这个被视为荒薄之地的小州城，陡然间天高云阔，让我仰望。

第二章

春风初步

上马若鸿翩

一缕秋风凉,千点霜叶红。

每场劫难,于那些坚韧的生命,也许会是人生的一抹重彩。江南多婉柔,江南多缠绵。在江南烟雨里成长的少年,却没有软成一溪风流,自是少小清寒的因果。

1023年,也就是宋仁宗天圣元年。十七岁的欧阳修才华闪烁,英气勃发,因为他比同龄的孩子更懂得生活的艰辛,在他的心愿里,自是渴望早一天考取功名,从而孝敬母亲,抚养妹妹,报恩叔父,所以他对即将临近的乡试,早已按捺不住,跃跃欲试。

鱼跃龙门,少年所向,谁不曾意气风发过?

这一时期的欧阳修,让我想起那年我也年少,啸天喝地,百无禁忌,怎个轻狂了得。再回头,也曾笑自己,细想,罢了,辜负了春风那才叫遗憾。若回那年,想来还狂放。

乡试,也叫解试,这是科举考试中地方的一种初试,只有通过乡试,才有资格选送进京参加更高级别的考试。宋代,在前朝的基础上,可以说大兴科举,由此选拔的人才数量之多,为各朝各代远所不及。而且规制严谨,公平天下,可以说为那些无根无基无攀无助的穷家孩子,开放了一条锦绣之路。

宋风之美，竟然盖过了唐。

想想，若没有宋代崇尚文化的好机遇，是否还有这青青一峰欧阳修？想想前后诸朝代，又埋没了多少才俊风流？一叹如果，一叹假如，历史将会是另一种层峦叠嶂，别一样江河奔涌。我又会在怎样的时光里，读谁？

一代文宗，不知又起于哪个朝代，一迟，也许就是几百年的烟雨过往。

稻谷金黄，瓜果熟透了，正是收获的日子。在这浓浓的秋色之中，欧阳修开始填写他寻求仕途的第一份答卷。乡试的内容包括策论、经义和诗赋。而这年的乡试题中有一道要求考生就《左传》中的虚妄神异的种种记载进行论述。对于《左传》，欧阳修早已熟读，这道《左氏失之诬论》的试题着实是胸有成竹，他不假思索，以当时最为时尚的骈体挥笔写道：

"石言于晋，神降于莘；外蛇斗而内蛇伤，新鬼大而故鬼小……"

文中简短的二十多个字，将《左传》中的四个故事阐述得明明白白，考官们看后，交口称赞，而这几句话被视为"奇警之句"，而"大传于时"，为人们所津津乐道。说来欧阳修是一个很有创新思想的孩子，不想拘泥于那些教条的行文规范，也就没以要求的韵脚来写诗赋，尽管词句精美，构思新颖，终久没有入了刻板庸俗的考官们的法眼，以致榜上无名，这实在是令人叹息扼腕。

有节，才凌云；年轮，铸大材。别叹人生反复，那就是命理。错过就错过吧，若是功名太轻易，难保欧阳修不傲骄一时，碌碌一生。

初次的失利，让心气颇高的欧阳修情绪稍有些黯然。夜里，秋虫唧唧，月凉如水，他辗转反侧难以入睡。忽然，隐隐地传来一声叹息，欧阳修知道那一定是隔壁的母亲，这让他心里更不是滋味，他披衣坐了起来，挥笔写道：

　　蕙柱炉薰断，兰膏烛艳煎。

　　夜风多起籁，晓月渐亏弦。

　　鹊去星低汉，乌啼树暝烟。

　　　　　　唯应墙外柳，三起复三眠。

　　写罢这首《夜意》，欧阳修的心依然起伏难平，不觉间又捧起了那本《昌黎先生文集》。这么些年来，这书一直是他床边的珍爱，一次次的阅读，他都醉心于那精妙的文字和深邃的思想之中。然而，让欧阳修深感困惑不安的是，周围几乎没有人提及韩愈，更没有人推荐和学习他的文章。而一干学子，都以杨忆、钱惟演等等这般继承晚唐诗风的人为学习模板，欧阳修对这种思想低淡、情感浮泛的风格很是不喜欢，感觉实在是与昌黎先生的厚重的文字相去甚远，只不过是些卖弄词句的浅鄙之作。

　　捧读着昌黎先生的书卷，欧阳修的心愈加清明，他多想从此专心于这般文字，再不问仕途。一阵风吹来，灯光暗了几暗。他急忙放下那书，弯起手掌护住烛火，这，也让他的心一下子冷静下来。想想母亲渐渐苍老，妹妹还在年幼，以及苦心相助的叔叔，他不得不将《昌黎先生文集》轻轻合拢，重新捡起那些当时风靡文坛的辞赋诗文，以求应试之用。

　　人生，有多少放弃是那么的无奈，不是吗？一些爱情或梦想。也许当时说只是暂时放下，可春秋几季，早已物是人非，情淡意远。可欧阳修毕竟是欧阳修，他放下却不是放弃，只是悄悄珍藏，他以韩愈为爱的初心不曾变过，暗暗立下誓言，"当尽力于斯文，以尝素志"。

　　天圣四年，三年后的又一次乡试，由于欧阳修悉心备考，再加上他本就才情出众，这次终于如愿榜上有名。欧阳修一家人自是欢喜得不得了。母亲炒了几个好菜，叔叔启开了一瓶好酒。秋月之下，庭院之中，树影婆娑，全家人无不笑逐颜开。郑氏看着如临风之树的儿子，泪水不知不觉流了下来，这么多年来，她是第一次在孩子们面前流泪，第一次流下这开心的泪水。

　　是的，虽然仕途迢迢千里，坎坷曲折，但欧阳修毕竟迈出了第一步，实实在在的第一步。

那夜，酒是好酒，月是好月，一家人都有喜悦的好心情。

初冬的第一场雪，曼妙、轻盈、羞涩，若蝴蝶梦里翩飞，栖几羽在枝头，栖几羽在窗前。站在廊檐下，若果是长伸了手，也会有一羽栖在手掌中，只待它翕动翅膀，而它却倏忽一下不见了，只留一汪湿润在你的掌心，浅浅凉，醒心醒神。那些春日的花事，那些夏季的骤雨，那些秋天的丰盛，就这样远了。真的，当繁华落尽，回望曾经，才懂了许多许多，心，也就渐渐清澈，映那天高云淡的大自在。

凛冽的风里行走的，是一个又一个智者。

欧阳修没有回望，他只有遥望，遥望漫漫北方的京都。他必须在这个冬天里早早出发，才能赶上明年春天礼部的考试。

郑氏这是第一次挥手送别儿子，她忽然明白，今后的岁月里，她将一次又一次地送别儿子的背影。儿子，长大了。她心里既欣喜，又有几分伤感，不觉间想起逝去的丈夫，须臾之间，竟然近二十年了，若他地下有知，是否该有所安慰？拉着儿子，她嘱咐了又嘱咐，叮咛了又叮咛，总是不肯舍手。

二十年，绵州，那老院子中的梅花，也该高了，壮了，渐有风骨了。

欧阳修终于翻身上马了，看了看母亲，看了看不远处的涢水，想起那片涂鸦的沙滩，心中顿时激情翻滚。他轻磕马镫，马蹄声嗒嗒而起，"嗒、嗒、嗒、嗒嗒……渐远，渐稠密，渐远，渐烟尘……

一个壮志飞扬的少年，独自出发了。

春天的汴梁，一定会传来花开的好消息。

会吗？会吗？会吗？……

望望不可到

梦，总在远方，只是孩提时的懵懂迷漫，渐成实在晴朗，芒杖竹马的憧憬，真真地成了胯下轻骑。欧阳修长大了。从这个冬天早早地出发，雪也纷乱，路亦漫长，就为心中的执念——明年春天早早地抵达。

湖北、河南，虽然是毗邻的两个省份，却是截然不同的风情，一个是江南云月，一个是中原尘烟。一路走来，渐生厚重的情怀，渐生踏实的思想。途经的每一处，那些庙宇、牌坊、碑碣等等古迹文化都给了欧阳修很大的触动，他大都下马细细研究。对于有金石文字的名胜，他更是留心观察，反复琢磨，一一记录下来，积蓄才学。

万卷书，万里路。那些矗立在历史册页中的风流人物，哪个不是勤学苦求之人？有心天下，才得天下仰望。

一路向北，欧阳修渴望的，是一种意愿的到达。

越靠近汴梁，那种自与他处不同的气息越浓重，一种无法言说的磅礴之势扑面而来。原本志得意满的欧阳修，感觉到了自己的单薄，他勒住马缰顿了一顿，心情不由得紧了一下。天下之大，原本绝非绵州、泰州、随州，好在他很快就置身于京城喧嚣的人流之中了。那宽大的城门、繁华的街市，再次让他激动起来，最让他叹为观止的，是那耸入云端的巍巍高楼：

> 六曲雕栏百尺楼，帘波不定瓦如流。
> 浮云已映楼西北，更向云西待月钩！
> ——《高楼》

这初到汴梁的激情文字，却没有让欧阳修的心情一直好下去。他越来越感觉到，作为照耀全国的都城，实在是藏龙卧虎之地，汇聚的名人高士太多太多了。欧阳修接触的多是同批的学子，但他发现竟然有不少的人已是小有名气，大多才冠一方，思想傲立潮头。更让他惊讶的是，那日在一酒楼小坐，一个普普通通的店家小二竟然谈吐不俗，说经论典多有惊人之语。欧阳修备感压力，他失眠了，而他，又最终失意于天圣五年的吏部会试考场。

他，落榜了。

同科的学子，有的欢颜，有的伤怀，但终是多日同聚，相识一场，惜别之日，大多以诗文相赠，心情黯然的欧阳修，面对一个个学友，禁不住感叹道：

> 楚天风雪犯征裘，误拂京尘事远游。
> 谢墅人归应作咏，灞陵岸远尚回头。
> 云含江树看迷所，日逐归鸿送不休。
> 欲借京楼望西北，亦应西北有高楼。
> ——《南征道寄相送者》

挥别随州时，虽是冬天，欧阳修却有春天般的心情；此时离开汴梁，已是春末，零落成泥的花事，却使他有冬天般的心境。

那归鞍载不动的是一路的愁。

伤感归伤感，这次汴梁之行，让欧阳修充分认清了自己，定位了随州。这个涢水边的小城，毕竟还是比较闭塞落后，尤其是文化底蕴，实在是相差甚远，所以他这个傲娇一方的才子，与那些发达之地的学子同场较长短，难免不名落孙山。的确，当时的随州虽然不能算是荒远之地，但文化底子实在太薄，据传"几百年间，未出一士"，竟然不如更偏远的一些僻土穷壤，着实让人感叹。

随州，在春秋战国时期，编钟之乐就响彻华夏，谁知绝响，似乎那成了断崖，一片山水沉降在文化底层，再无音迹。好在来了欧阳修，来了一个有梦想的孩子。不然，随州还将寂寥到何时？

梦想，其实就是遥望，但每一次遥望并不一定就是一次到达，但没有遥望，你只能是一个低头踩着自己影子叹息的人。少年，不叹息。

欧阳修再一次遥望，他决定走出随州。天圣六年春末，花事已经淡薄。欧阳修选择这样一个日子离开随州，他是有意放下心中缤纷的念想，专心求学的。

真的，从纯净中出发，却往往会有一个锦绣的到达。

春浓花世界

人生，就是一次行走，长途加短途，越青青山色，渡清清水烟。一亭有一亭的命理，一关有一关的运势。路遇了谁？别离了谁？都是缘定的因果。

是谁指点了汉阳？

欧阳修再次出发了，相较以往的远行，同省的汉阳距随州不过三百里路，这也算是一次短途了。欧阳修将精心写就的书信和平时的一些文章，呈递进了知军府中。时任汉阳知军的胥偃，是一个著名的文人，也是一个惜才爱才之人。他从欧阳修的信件和那些还略显稚嫩的文章里，读到了一种思想的锐气和才情的光芒，眼前一亮，急忙命人将欧阳修请进了府中，并备上丰盛的酒宴款待。酒席之间，胥偃了解了欧阳修的身世，对这个寒门学子更加喜欢了，立即决定将他留在身边，并于忙碌之余亲自指导，倾囊相授品德之理、文政之道。短短的时间里，欧阳修才学大进。胥偃大喜，更着力培养。转眼间，秋去冬来，胥偃晋升京城，主管朝廷财政，他又特意将欧阳修带在身边。

欧阳修踏着薄雪，又一次出发了，而这次进京，比上次心情更好，毕竟踏实了许多，明朗了许多。

在京城，胥偃更加着力栽培欧阳修，并极力向饱学名士、权贵达人引荐。从随州到汉阳，再到汴梁，欧阳修的人生发生了巨大的变化。他从狭小逼仄之地，一下子出入豪华堂皇的宅邸，可以说是一个质的飞跃。欧阳修在和名流雅士们的交往中，不仅知识得到了快速的充实，也学会了与人谋、与权谋的种种机要，为他日后官场纵横积累了经验。

京城的生活是精美的，而上流社会更求一份优雅与诗意，欧阳修以胥偃门生的身份，经常参加名门望族的家庭集会，而他吟诗弄词的才情渐渐显现出来，并被人们肯定和欣赏。若是遇有胥偃家的私宴，欧阳修更是自由自在，助兴的诗词常常有惊艳之作，博得厅堂上下掌声一片。那一日，新雨初歇，太阳正晴，胥偃在庭院中小邀宾朋。看着花园中桂树叶上闪闪的雨珠，枝叶间鸟儿、蝴蝶的飞舞，这让大家诗兴大发，纷纷起身吟诵。欧阳修也为美景所打动，一时情怀激荡，铺展纸张挥笔写道：

桂树鸳鸯起，兰苕翡翠翔。

风高丝引絮，雨罢叶生光。

蝶粉花沾紫，蜂茸露湿黄。

愁酲与消渴，容易为春伤。

——《小圃》

这一挥而就的诗作，在席间争相传阅，宾朋们无不称赞，叹其笔墨精致，用典精当，情感精细。欧阳修浅浅一笑，颇为得意，但却不张狂于声色，甚是得体。胥偃朗声大笑，快意满满，却又连连摆手，说大家不要捧杀了这后生小子。

从此，欧阳修深为众人所爱，每有官贵人家雅集，必被邀请。没多久，欧阳修参加胥偃同僚举办的一次文人聚会，席间，他只看了一眼庭院中的池园，就迅速写下了《早夏郑工部园池》一诗：

夜雨残芳尽，朝辉宿雾收。

兰香才馥径，柳暗欲翻沟。

夏木繁堪结，春蹊翠已稠。

披襟楚风快，伏槛更临流。

欧阳修这独特的思维、敏锐的感知、新颖的词句、时尚的格调，引得大家交口称赞。一时间，欧阳修这个胥偃门下的才子，成为京城文化圈里的热谈。

能把握时潮，把诗写得美轮美奂，被同辈人所艳羡，为长者所欣赏，的确是一件高兴的事，但欧阳修并没有太多的激动。对于当下的境遇，他心中是很有不甘的，这些场面上的逢迎，本不是他所爱，更多的时候，他还是愿意独自默默用功，力求突破。苦闷的时候，他总会翻读那本《昌黎先生文集》，真心希望成为韩愈那样风骚一代的文坛旗帜，所以他在日常更愿意与有创新思想的文人雅士为伍。

一辈子，很多人记取的往往是一些大事，或许是一些给自己重大影响的人。其实，在路上，一朵花的美，一棵草的绿；一个人的眼神，一个人的微笑，或许这都是可以忽略的细节，但有时却关乎了你的路途。

欧阳修的一生，郑氏、胥偃、晏殊、钱惟演、范仲淹、王安石等等是不可或缺的人物，让他的命运有了这般起起伏伏。但也有一些人物，虽然交往不多，但他们的举止却悄悄融入他的心性之中。当时在京城的文人圈子中，有一个叫石延年的人，他早年"屡试不中，真宗选三举不中进士者授三班奉职，他耻不就任"。其个性可见一斑。就是这位先生，依然"视世俗屑屑"，悖于时势，豪气如初。石延年虽然也有三五好友，但与潮流格格不入，还是为众人所漠视。欧阳修却登门拜访，不时求教。后来有人将石延年的诗、欧阳修的文、杜默的歌并称为"三豪"。虽然说是"并称"，毕竟石延年年长欧阳修一句之多，其内在的性情，多多少少还是有"承袭"之意吧？另外，还有苏舜元、苏舜钦兄弟，也是这般逆潮流而为的人物,官场难免失意,日子自然清苦。但他们对于当时极为流行的"西昆体"诗风却颇为鄙夷,认为太过空洞造作,追求文风雄厚豪放。虽然欧阳修与他们相遇较晚,特别是苏舜钦,却一见知心,成为挚友。纵观两人的一生,其情怀文风感觉也多有杂糅。

京城得意,俯仰师友,欧阳修从来没有忘却负载的人生使命,他不敢苟且于堂前宴间的笑闹,也不敢逐流于石延年般的群体之中。他知道自己虽然得宠于胥偃,但毕竟是其墙边篱下的一株草,若不能参天而起,也终会碌碌光阴,无力孝敬母亲、感恩叔父,甚至胥偃等一干恩人。除了无法推脱的集会,欧阳修大多不再将精力浪费在那些宴席之间,放下自己浮泛的逢迎,专心苦读,追逐时文,因为转年的春天,将迎来他人生的又一次大考。他心里深深地明白,随州有一双眼睛也正焦虑地遥望着这个春天……

花开,是一片美好;错过,又将是多年的蹉跎。

意气曾谁让

春风又起,花事繁荣,天圣七年(1029)的国子监考试如期举行,欧阳修力压各路才子荣登榜首。

蓄力花蕾,三月自不负。

国子监为国家级的官办学校,下设广文、太子、律学三馆,其中广文馆是有针对性地专讲进士课程,为天下学子争相进入之所,竞争激烈可想而知。这次考试,欧阳修高中监元,实在让他喜出望外,也为自己的未来增添了无限信心。想当年初入京城,败得那般狼狈,落荒而逃的窘迫与今天相比自是天上地下。小展才学,欧阳修丝毫不敢懈怠,在国子监更孜孜不倦,刻苦以求,待到秋天的解试,他再次名列第一。当然,这只能算是一场资格赛,和州府的乡试是同一性质,而决定学子们命运的礼部省试和皇帝殿试,还要到来年春天再论高低。

欧阳修稍稍整理了一下自己激动的心情,又专心于学习中。秋冬之季,夜凉入骨,欧阳修秉烛苦读,浑不知寒,灵魂在书卷之中忘情地游走着,不知不觉间就已天色熹微,晨光初现。他舒展一下腰身,移步门外,淡淡的晨风让他毫无倦意,自是心中畅然,轻轻地吟道:

> 帘外星辰逐斗移，紫河声转下云西。
> 九雏乌起城将曙，百尺楼高月易低。
> 露裛兰苕惟有泪，秋荒桃李不成蹊。
> 西堂吟思无人助，草满池塘梦自迷。
>
> ——《晓咏》

转眼就是天圣八年（1030）的正月，寒意还在料峭，可来自全国各地参加礼部考试的士子们，让京城一下子热闹起来，汴梁的春天就这样早早地到来了。奉旨主持本次礼部大考的，是当时素有"太平宰相"之称的晏殊，为当时著名的文学家和政治家。他少小被赞为神童，十四岁就考中了进士，深得帝王宠爱，仕途可谓一路通达。晏殊以词响誉文坛，尤其擅长小令，其子晏几道承袭了婉转内蕴清丽的风格，造诣有过之而无不及。晏殊虽然与欧阳修被一些人并称为晏欧，但他太工于风靡当时的西昆体，少有创新之作，虽然也算得上一代博学，却终不是金声玉振之器。

再次身临人生的大考，欧阳修已经不是当年的青涩少年，京城和国子监这两年的历练和学习，再加上他的聪明勤奋，完全可以从容淡定地应对这场考试了。

在聪明的老师面前，聪明的学生才会脱颖而出。没有机关，是不见机智的。晏殊对《司空掌舆地图赋》这道题，就设了一个机关，意在考察学子们的博学和慎密的思维。

司空，为古代官职名，周代和汉代都有设置，但其辖管之权却又有所不同。考生若是盲目落笔，以哪个朝代的司空为赋，都算是残败之作。

按照当时的考场规定，考生若有不解之事，可以到主考官帘前"上请"释疑。的确，是有很多上前提问的考生，但却没有就"司空"一题求教的。晏殊不禁叹息这些学生，竟然少有心机之人。正当他感叹之时，一个瘦弱的少年来到他面前，就"司空"一题提出了自己的疑问。晏殊听后频频点头，大为激动，轻声对欧阳修说:"满堂考生只有你看透了这道考题。"

很快,这次省试就张榜了,欧阳修又一次高中第一。当他以门生的身份去拜见主考官时,晏殊为这个求问"司空"的学生高中省元而高兴,并暗言若他日成为仕途翘楚当在意料之中。

短短的时间内,欧阳修连获监元、解元、省元,但这却不能说成"三元及第",所谓的"三元"是另有其解的。监元只是国子监入学考试第一名,而非科举中的实际一环,也就不在真正的三元之中。真正的连中三元,是在乡试、省试、殿试中均考得第一,也就是连中解元、省元和状元。当然,这般连中头名,也让欧阳修春风得意,信心倍增,在他的念想里,自然是有连中三元的梦想的,也就是说在接下来的殿试中,他立志再获第一。

在欧阳修看来,殿试的考题并不难,仁宗皇帝的亲临也没有让他有丝毫的紧张。《藏珠于渊赋》《溥爱无私诗》这般的策论是尽在掌握的,他旁采博证、喻古论今,笔墨大开大合,直谏天下、不媚不艳的浩然风骨跃然纸上,好似山峦起伏。

真可谓,才情满案卷,风华溢殿堂。

对于这次殿试,欧阳修是很自信的,感觉又会是一个第一,所以他也就特意置办了一身新衣裳。当晚,喜欢笑闹的同科学弟王拱辰,竟穿上了这件新衣服,不停地在大家面前摇来晃去,并得意地说:"为状元者此。"不想一语成真,这位刚刚十九岁的太原学子,竟然真的中了当届状元,而欧阳修却远在一甲之外,仅仅位列第十四名。

淡然于世道,总有意外之喜;迫切于时势,却常常失望沮丧。对于这次殿试的成绩,欧阳修是很不甘心的。的确,以他的才学不中状元,也应该位列前茅。好在结果还不坏,自己很快就会谋得职位,成为家庭真正的柱石,欧阳修再次心情激荡起来。

三月的汴京,莺歌燕舞,"翠苑红芳晴满目"。新科的进士们吃罢朝廷为他们特意举办的"闻喜宴",然后锦袍欢颜,跨马游街,享受着倾城的欢贺。那些家有岁在妙龄女儿的权富人家,更是早早地将华丽的马车停靠在街边,因为这些高中皇榜的青年才俊,大多将立身于官场的要职——不是位列朝班的人臣,就是打理一方的权贵,所以他们要在这些人当中给自家选一位如意的女婿。这般选秀似的盛况,据传一日之内"中东床者十八九"。京城深浅之处,顿时喜气盈盈。

欧阳修成为胥家的乘龙快婿,自在情理之中。早在初识欧阳修的时候,胥偃就断言他日后必将"有名于世",已经暗将欧阳修当作自家人来看待,只是当时女儿还小不便明说。如今欧阳修成就了功名,胥家女儿也已是双七妙龄,胥偃的好事之友,也就说开了此事。这般的贺喜宴也就成了订婚宴,欧阳修如此喜上加喜,自是快意诗词,信口吟道:

酒美春浓花世界,得意人人千万态。
莫教辜负艳阳天,过了堆金何处买。

一首《玉楼春》,道尽了欧阳修春风万里的好心情。

中了进士的学子,是要以门生的身份拜谢主考官的,而且要先写一份谢启。这些时尚骈文,欧阳修本心不爱,但为了应对科举,早已得心应手了,如今志得意满,写起来更是才华飞扬。状元王拱辰正好相约玩耍,看了谢启赞不绝口,力求欧阳修代写一份。欧阳修竭力推脱,王拱辰依然肯求。欧阳修觉得他再谦让就是虚伪,悖了兄弟的情分,也欣然应允,写下了流传至今的《代王状元谢及第启》:

右某启云云。坐狱启扉,并集千人之俊;赐袍在笥,骤纡一采之纶。矧惟蕞尔之躯,仍玷襄然之首。仰膺渥涣,伏积震惶。

窃以周陈三物以宾贤，和慎乎命乡之选；汉开数路而求士，乃盛乎得人之称。

用能畅郁乎之文，一变而至道；饰炳然之化，三代以同风。阐是齐明之猷，允属神灵之旦。国家景炎兴运，赤伏膺图，敷四叶以重光，式九围而用乂。销锋偃革，外儋乎灵威；卷领垂衣，坐朝乎夷憬。上方穆然无事，监于太清，崇庠序以兴文，饰弓旌而招俊。苹歌式宴，咸预于计偕；泮棘树围，载严于籍奏。敞中楹而亲试，署异等以精求。所宜得命世之伟才，为一时之清选。夫何么陋，前玷宠光。

一欢一愁，情分东西。这般春光繁盛，也有落花之心。进京的学子众多，而中得进士者毕竟是少数。欧阳修想起当年的自己，很理解这些落榜朋友的心情，可又能说些什么呢？只能多鼓励他们，他在《送方希则序》中写道："夫良工晚成者器之大，后发先至者骥之良。"希望你们再接再厉，必定会赶超上来。

新科的进士，是要在京城住些时日的，等待朝廷的任命。就在欧阳修的生日将要到来的前一个月，荷花初开，皇上的圣旨下来了，他被授予将仕郎、试秘书省校书郎，充西京留守推官的职务。赴任洛阳之前，是有一段省亲假的，欧阳修辞别了岳父胥偃，准备去拜见家乡的母亲。中了进士，定了姻缘，谋了官职，欧阳修打马随州，千里回归，与往日不同，一路上自是意气风发、神采飞扬……

第三章

伊洛云月

伊水清潺潺

天圣九年（1031），欧阳修带着自己的母亲和妹妹赴任洛阳，时值春意盎然，满眼花团锦簇，一家人轻车快马，一路欢笑。

洛阳，自古是人杰地灵之所，文明发达之地，为历代王家倾爱，多以此为京城、陪都。城中宫阙壮美，殿堂巍峨，街衢整洁，花木茂盛。几抹流水潺潺，几点山峰青青，使洛阳亦柔亦刚，美不胜收。不论是气势还是景致，竟然不输汴梁。站在伊水河边，欧阳修不觉心情激荡：

三月入洛阳，春深花未残。

龙门翠郁郁，伊水清潺潺。

——《书怀感事寄梅圣俞》

在差人的引领下，欧阳修来到了自己的府宅，他将家人安顿好，稍事休息就出了家门。与其说他是为了礼数去拜见自己的上级和同僚，不如说是为了再细细欣赏一下这座城市。他拒绝了仆人的跟从，独自打量着四周的景致。这里虽然不似他生活过的几个南方大小州城轻灵、秀气，但那份代代承袭的权贵之气透出的厚重威武，让人不得不心生敬爱。这对于偏爱文史的欧阳修来说，实在是一座相得益彰的城市。他索性就牵了马，踱步而行。忽然，一座美宅吸引了欧阳修的目光，他细细看了碑牌才恍然大悟，这原来是唐朝宰相裴度的故宅。他当年退贤之后，在这伊水河边的午桥庄，与诸多文学大家煮酒弄琴、逐梦欢歌。

想起这些，欧阳修不住地点头，人生百年，当有如此纵情心胸。欧阳修抚今思昔，正在感叹之时，忽听得那边的松竹林里传来幽雅的吟咏之声：

> 修禊洛之滨，湍流得素鳞。
> 多凭折腰吏，来作食鱼人。
> 水发黏篙绿，溪毛映渚春。
> 风沙暂时远，紫绫忆江莼。
> ——梅尧臣《上巳日午桥石濑中得双鳜鱼》

这是谁的诗？如此轻缓自如，似闲人夜话入情入心。欧阳修一边叫好，一边鼓着掌走了过去。那边一个身材俊朗的人挺身而起。待两人互报姓名才知道，原来这位就是新到任的河南县主簿梅尧臣。梅尧臣，被誉为宋诗的"开山祖师"，他虽是现实主义诗人，心性却远离现实，从不媚从权贵。即使至交好友位列高官，若不是相请，也不肯轻易登门。这次洛阳一见，他虽然与欧阳修成为知音，但日后欧阳修发达之时，也常常躬身下访。

洛阳之于欧阳修，实在是一座幸运快乐的城市。他不仅正式迎娶了胥偃的女儿，还结识了一干贤达的文朋诗友。他们相游山水，共论诗文，快意人生，真可谓时时有酒乐，天天有歌欢。日后一别，再也没有这样的岁月清雅，洛阳几载，也就成了他初步仕途最美好的日子了，每每成为他诗文里恋恋不舍的回望。就像当年他一别少小的绵州，从此开始品味生活的苦涩寒凉。

洛阳之远，政事纷扰，再也难见悠闲了。

巧遇梅尧臣，让欧阳修喜出望外，早已经忘了去拜见官长和同僚的事了。他们在伊水河边相携而行，纵论古今，畅谈天地，不知不觉间暮色四合，两人情趣未尽，又一起回到梅尧臣的家中。厅堂之上，杯酒之欢，诗词之趣，好一个相见恨晚的惺惺相惜。直到午夜时分，欧阳修才上马回府，那清脆舒缓的马蹄声，在夜阑人静的长街上为他俩的初次相见画上了一串长长的省略号，也成了他们三十年至情之交的序言。

"逢君伊水上，一见已开颜。"与梅尧臣的这次相遇，从此开启了欧阳修恣意浪漫的洛阳生活。

洛阳自古就是藏龙卧虎之地，时任留守的钱惟演，虽然迷恋权势，为人所诟病，但他对读书极其偏爱，可以说学富五车，他为当时最为流行的西昆体的重要成就者之一，其才气、创作技巧之成熟，也不是常人能所比的。而且他还是一个惜才爱才之人，帮扶同道，奖励后学，并给他们创造了良好的文化环境，因此他的身边聚集了一大批文人雅士。

通判谢绛也是很有品味的同道中人，还有尹洙和他的兄长尹源、富弼、王复、杨愈、张先、孙长卿，以及梅尧臣等，形成了一个庞大的文人圈子。他们情趣相投，却又各有偏长，在相互的促进中，使他们成为了各个文化领域里的佼佼者。欧阳修也迅速跻身其中，并和大家结下了深厚的友谊，这也为他的迅速成长起到了推波助澜的重要作用。对于这帮朋友，欧阳修曾在《书怀感事寄梅圣俞》中进行了生动有趣的描述：

幕府足文士，相公方好闲。
希深好风骨，迥出风尘间。
师鲁心磊落，高谈义与轩。
子渐口若讷，诵书坐千言。
彦国善饮酒，百盏颜未丹。

> 几道事闲远，风流如谢安。
> 子聪作参军，常跨破虎鞯。
> 子野乃秃翁，戏弄时脱冠。
> 次公才旷奇，王霸驰笔端。
> 圣俞善吟哦，共嘲为阆仙。
> 惟予号达老，醉必如张颠。

欧阳修少小丧父，周折各地，孤身求学，也可以说遍尝寂寞，突然有了这么一群才学过人的师友，实在让他高兴得不得了，他落笔写道：

> 余本漫浪者，兹亦漫为官。
> 胡然类鸱夷，托载随车辕。
> 时士不俛眉，默默谁与言？
> 赖有洛中俊，日许相跻攀。
> 饮德醉醇酎，袭馨佩春兰。
> 平时罢军檄，文酒聊相欢。
> ——《七交七首·自叙》

原本一个不甘心向时势低头的人，落落寡欢，不知道该向谁说说心里话，正好在洛阳遇到这么多良俊英才，真好像是美酒相醉，花香相袭。说什么军机政务，都不去管了，来来来，吟诗品酒聊日月吧。

推官本来就是一个闲差，再加上钱惟演对这些年轻后生的偏爱姑息，欧阳修也就有大把大把的时间和几个要好的朋友在一起。几叩香山，数挽伊水，玩得不亦乐乎，并写下了大量的情景之作，再加上几位师友的熏陶，文笔之功大有精进，写作水平可以说是日新月异。

我认识了洛阳，是因为牡丹、武则天、龙门石窟、白马寺及其他，读识了欧阳修，忽然觉得他若不曾到达洛阳，也许就没有一代文宗。就像不遇康桥，就不会有徐志摩。虽然两者不可类比，但我依然会这样牵强地想起，又想起。

文酒聊相欢

有欣赏才有美，有懂得才有爱。任你好花好草，却人迹罕至，美也就空洞了，美也就苍白了。这般的美，有与没有，也就没有什么不同。景，如此，人亦如此。这里说洛阳，不说佳人，也就不转笔锋了。

山水相依，草木参差，洛阳本就是游乐的圣地，再加上历史景观的点缀，也就更加赏心悦目了。洛阳有幸，来了欧阳修和他的朋友们；欧阳修有幸，缘遇洛阳。

约了晨光，约了夕阳；约了古亭，约了新楼；约了近水，又约远山。欧阳修、梅尧臣等等，于洛阳流连处处，情怀处处，唱和歌词，品对楹联，同赋诗文，一时快乐无他。这段岁月里，洛阳的文化盛况甚至盖过了皇城汴梁，引得天下一片惊呼。欧阳修的创作激情也是空前激荡。

普明寺，位于洛阳东南，与嵩山少林寺颇有渊源，不仅历史悠久，而且香火旺盛，再加上绿荫遮天，欧阳修曾于夏日避暑小住于此：

选胜避炎郁，林泉清可佳。
拂琴惊水鸟，代麈折山花。
就简刻筠粉，浮瓯烹露芽。

归鞍微带雨，不惜角巾斜。

——《普明院避暑》

他移步普明寺的后大字园，传此园为唐代大诗人白居易的故园，他年过六旬的时候来到这里，置田筑苑，抒情晚年之唱。欧阳修感于幽幽古事，诗人余风，那份清幽静谧，遂写下了《游大字院记》：

六月之庚，金伏火见，往往暑虹昼明，惊雷破柱，郁云蒸雨，斜风酷热。非有清胜不可以消烦炎，故与诸君子有普明后园之游。春笋解箨，夏潦涨渠。引流穿林，命席当水。红薇始开，影照波上。折花弄流，衔觞对弈。非有清吟啸歌，不足以开欢情，故与诸君子有避暑之咏。太素最少饮，诗独先成，坐者欣然继之。日斜酒欢，不能遍以诗写，独留名于壁而去。他日语且道之，拂尘视壁，某人题也。因共索旧句，揭之于版，以志一时之胜，而为后会之寻云。

龙门山是洛阳著名的景点，欧阳修的诗意自然必须抵达。登山探胜，临水品酒，心情欢畅已经不分日夜，他登上菩提寺的上方阁的时候，已是日暮时分，远山近峰，朦胧归一，晚钟夜禅，交向迷漫：

野色混晴岚，苍茫辨烟树。

行人下山道，犹向都门去。

——《游龙门分题十五首·晚登菩提上方》

松林间，石径上，月光斑斓；幽草中，谷深处，泉鸣依稀：

> 春岩瀑泉响，夜久山已寂。
> 明月净松林，千峰同一色。
> ——《游龙门分题十五首·自菩提步月归广化寺》

天圣九年的秋天，梅尧臣调往他处，对于这位挚友的离开，虽然是暂时，也让欧阳修心情凉了又凉，落寞了好一阵子。相别半年，梅尧臣回洛阳办理公务，这让欧阳修高兴坏了：

> 寻尽水与竹，忽去嵩峰巅。
> 青苍绿万仞，杳霭望三川。
> 花草窥涧窦，崎岖寻石泉。
> 君吟倚树立，我醉欹云眠。
> ——《书怀感事寄梅圣俞》

这里的景色都看遍了，你回来的正是时候，咱们与几个故交好友，一起约看嵩山吧。

嵩山距洛阳并不太远，是我国佛教禅宗的发源地和道教圣地，曾有无数王公大臣、文人骚客登临。《诗经》中"嵩高惟岳，峻极天下"就说的是嵩山，可见其声名远播之早。这里虽然有无数大家题词撰文，但岁在气盛的欧阳修，自然不惶多让，笔锋急走，落笔写下：

> 二室对迢峣，群峰耸崷直。
> 云随高下起，路转参差碧。
> 春晚桂丛深，日下山烟白。

>　　芝英已可茹，悠然想泉石。
>　　——《嵩山十二首·二室道》

　　东南一游，美不胜收，感慨良多，欧阳修一行，写下了不少诗文佳作，至今多有留存。

　　文人在山水，自古多风流。

　　洛阳三年，欧阳修创作颇丰，可题材稍显窄偏，但进步却是甚为显著，实在是与一干师友的促进密不可分。明道元年的一件事，实实在在地证明了这一点。

　　时年洛阳新建两座楼阁，作为最高行政长官的钱惟演，自然有命名的荣耀，他一题名为"双桂楼"，一题名为"临辕阁"。落成典礼那天，他就让身边的谢绛、尹洙、欧阳修以同题写一篇记，他于三日后在府衙备薄宴以待，迟误者必以酒相罚。

　　这般的文字，亦简亦新，更应有名言佳句点石成金。想那唐朝王之涣《登鹳雀楼》，同朝范仲淹《岳阳楼记》，无不名于此。当然，《登鹳雀楼》为诗，而《岳阳楼记》是庆历年间的文章，此时还没有发生，是难以参考的，这里不过是介绍一下这类诗文的特点罢了。

　　虽然是斯文雅事，但三人也不敢等闲视之，各都认真撰稿。待写得差不多了，大家便拿出来相互传阅一下，好有个交流提高。谢绛、欧阳修各用字五百有余，尹洙写了不过三百八十字，而且字词精当，言简意骇。谢绛、欧阳修读罢连连点头，赞不绝口，齐说："只将师鲁之作呈交给相公就可以，我俩就免了吧。"

　　相约的日子到了，酒席之间，尹洙交上了文稿，而谢绛、欧阳修二人却吞吞吐吐，一脸羞红，在钱惟演的再三责问之下才掏出了文稿。但结果可想而知，他们二人只好以酒补过。

　　那夜，欧阳修醉了，真心真意地醉了。

　　欧阳修输了，输得无话可说，但他心有不甘，决定求教于尹洙。又一个夜晚，他提了一壶好酒，备了鸡鱼等酒菜赶到尹府。两人推杯换盏，畅论诗文，切磋到天光大亮。欧阳修不仅好学，而且天资聪颖，回到家中很快又写了一篇楼阁记，不仅章法有序，更是字字珠玑。尹洙看罢，惊叹道："您真是一日千里啊！"

洛阳的日子，真的是欧阳修飞速成长的日子，每每念及，他都非常感谢几位良师益友：

>昔在洛阳，与余游者皆一时豪隽之士也。而陈郡谢希深善评文章，河南尹师鲁辨论精博。余每有所作，二人者必申纸疾读，便得余深意，以示他人，抑或时有所称，皆非余所自得也。
>
>——《集古录目序题记》

旁有堕钗横

牡丹之美，响彻天下。但历史更深处的记载，似乎对牡丹的描述很不清晰，并不能确定是哪种植物所指。牡丹多好干燥，不喜水湿，南北朝时期的药典、文献虽多有涉猎，但"竹间水际多牡丹"的说法，远非今天牡丹的特征。时光未央，岁月悠然，牡丹其实一直籍籍无名，流散于荒野之中。

机缘巧合，往往成就最美的结局。

一花一城的相遇，璀然绽放。花，是牡丹；城，是洛阳。传说武则天统领山河之初，诏令天下百花傲雪欢贺，世间花草唯有牡丹不畏强权，不理不睬。武则天勃然大怒，遂将牡丹逐出苑林，贬斥到洛阳邙山。乡俗里有这样的谚语："生在苏杭，死在北邙。"邙山自古为帝王的丧葬之地，这里有东汉以来十几个帝王和无数皇亲、大臣的陵墓。武则天最初的本意，也许是让牡丹从此葬身于此。谁知，竟然花土相宜，牡丹向死而生，心香大开，顿成倾城倾国之花，成为四条屏画中的起首之美。

不善的图谋，却是这样一个美好的意外。

牡丹，早在隋代洛阳就已栽种，很有些"深谷无人识"的意思，至唐朝才逐渐被赏识，而且盛极一时无出其右，到了欧阳修的宋代，依然是锦绣满城。文人多在性情之中，对于花草少有不爱。而身在洛阳的欧阳修，自然是不会错

过这至尊之花,对牡丹的情爱绵绵不断,此起彼伏:

> 赠以洛阳花满盘,斗丽争奇红紫杂。
> ——《谢观文王尚书惠西京牡丹》
> 少年意气易成欢,醉不还家伴花寝。
> ——《送张屯田归洛歌》
> 关心只为牡丹红,一片春愁来梦里。
> ——《玉楼春》

洛阳牡丹,艳冠天下,那香,素荤巧入鼻;那色,浓淡正赏心。欧阳修自是爱不释怀,成了他一生相随的笔墨之香。在他任满洛阳的时候,再次回望牡丹,以冷静的心态,理智的情怀,周详的观察,写下了《洛阳牡丹记》:

> 洛阳之俗,大抵好花。春时城中无贵贱皆插花,虽负担者亦然。花开时,士庶竞为游遨,往往于古寺废宅有池台处为市,井张幄帘,笙歌之声相闻。最盛于月陂堤、张家园、棠棣坊、长寿寺、东街与与郭令宅,至花落乃罢。洛阳至东京六驿,旧不进花,自今徐州李相(迪)为留守时始进。御岁遣牙校一员,乘驿马一日一夕至京师,所进不过姚黄、魏花三数朵,以菜叶实竹笼子藉覆之,使马上不动摇,以蜡封花蒂,乃数日不落。大抵洛人家家有花……

欧阳修的这篇文章,分为三段式:"一曰花品,叙所列凡二十四种。二曰花释名,述花名之所自来。三曰风俗记,首略叙游宴及贡花,余皆接植栽灌之事。"洋洋万言的文字,对牡丹的描述可谓详尽,被后人一直视为论述牡丹的专业文章的"鼻祖"。

《洛阳牡丹记》中提到了"插花",那时的确有这样的风俗,既无贵贱之分,也无男女之别,所以诗词满朝野的唐宋,多有花样男子,无论王公贵族,还是贩夫走卒,抑或乡里百姓,都有戴花的喜好。即便到了北宋末年,国事纷乱,那些被斥为草莽流寇的梁山好汉还多有爱花之人。比如说"腰间斜插名人扇,鬓畔常簪四季花"的浪子燕青,还有那"金环灿烂头巾小,一朵花枝插鬓旁"人称"一枝花"的蔡庆等等。国在盛时,岁在风骚的欧阳修自然也有这插花之爱。

堤上游人逐画船,拍堤春水四垂天,绿杨楼外出秋千。
白发戴花君莫笑,六么催拍盏频传,人生何处似尊前。
——《浣溪纱·堤上游人逐画船》

头发都白了还要戴花,年轻时候的情怀可见一斑,绝对是一个醉遍春风的花样男子。

自古是鲜花美人两相依,爱花之人,自然爱美人。洛阳,牡丹兴盛,也是美人云集之地。这里不仅润泽了杨贵妃、武媚娘,还有被誉为更早年代的"四大美人"之一的绿珠。绿珠,不仅美,而且美得有风骨,为爱,至死不屈。只是她情爱相托之处,不是她这莲花相依的清流,实在是一种遗憾。说来只有半百之命的小小西晋,没有留下什么铿锵之音,也只有绿珠的一缕笛声和一影霓裳在岁月的光影里美着,在泛黄的史卷里惹人声声叹息。

美人常出的洛阳,花样男人欧阳修,传一段才子佳人的故事自在情理之中。

唐诗宋词的兴盛,在于国泰民安,少有祸乱之灾和兵戎之扰。欧阳修那个年代,正是北宋的好时候,上上下下多有歌舞享乐之风,官家、私家常养有歌伎,此为宴席庆典等需要。洛阳的欧阳修,可谓春风得意,常常出入那些欢闹的场合,难免对那些色艺诱人的歌伎多看上几眼,而那些歌伎当然更爱慕他这样风度翩翩的花样男人,自要惹一些风流。

说来那天下着微微的细雨，自是一个浪漫的日子，欧阳修和一个歌伎悄悄相约了。能让欧阳修动心的，那一定是绝佳的女子。是不是戴望舒《雨巷》里丁香一样的姑娘？我想，一定是。那飘摇的背影，要让多少好男人，一望就是百年。

　　好时光总是那么短暂而匆忙，窗外的雨也不知几时停了，屋里已是光影灰暗，四围暮色低垂，欧阳修和那歌伎就有些慌乱了。原来那天府衙中是要举办酒宴的，欧阳修是座上的宾客，歌伎是席间的舞乐之人，都是早定了参加的。迟了，的确是不太妥当。

　　因为晚的时间太多了，他俩也没想避嫌的法子，一起慌慌张张地赶到了酒宴现场。在座的所有人虽然都没有说什么，大家却相视浅浅一笑。守着这么多人，钱惟演自然不便训斥欧阳修，只能责问那个歌伎："什么时候了，你才来？"

　　那歌伎虽然有些慌乱，但没有失去机智，低声答道："今天天热，有些困乏，也就不知不觉间在水边的小亭子里睡着了。等我醒来，头上的金钗却不见了，急忙寻找，可找了好半天也没有找到。是故，也就来迟了。"

　　钱惟演听了，微微一笑。这时候虽是夏季，可小雨刚过，哪里来的暑热？这瞎话说得实在欠路数，但他并没有说破，又转向欧阳修问道："你呢，为什么也来迟了？难不成是帮她找金钗来着？"

　　堂上众人一阵哄笑。

　　欧阳修脸色一红，刚要找一下托词，钱惟演却一摆手，对那歌伎说："这样吧，如果你能向欧阳修求一首词来歌咏此事，也就免了你的责罚，而且我还会赔你一个金钗。"

　　钱惟演虽然不是一个苛责之人，但歌伎还是感到很不安，自己毕竟有错，但听他这么一说，一下子放了心，急忙捧起笔墨纸砚，羞红着脸来到欧阳修面前。欧阳修知道这是钱惟演给尴尬的他俩找了一个风雅的台阶，心里自是感激，一下子情绪上来了，挥笔写道：

柳外轻雷池上雨，雨声滴碎荷声。小楼西角断虹明。阑干倚处，待得月华生。

燕子飞来窥画栋，玉钩垂下帘旌。凉波不动簟纹平。水精双枕，傍有堕钗横。

——《临江仙·柳外轻雷池上雨》

至此，还问什么呀，欧阳修这岂不是不打自招吗？什么"玉钩垂下帘旌"，什么"水精双枕"，还有什么"傍有堕钗横"。那钗子不是丢了吗？是欧阳修送给人家一个金钗也未可知呢。怪不得那歌伎顺口就有了个金钗的典故。

众人听罢，击节叫好。歌舞起，酒宴继续。

这种风流韵事，在那时实在不是什么有伤教化的丑闻，但事后钱惟演还是提醒欧阳修品行要更清雅一些，因为他看出来欧阳修绝非平庸之辈，当为国家柱石之材，日后必将立身殿堂，怕他为此遭人诟病。

这般的担心，真不是多余，日后的仕途之中，也因此起了几次的风波。花间一曲闲词，却惹了那么多的是非。

送哭声嗷嗷

花间皆痴癫，少年自风流。

迷醉花丛，轻狂岁月，谁都曾有过，但这不是姑息自己的理由。那些力求有为于天地之间的伟岸人物，极其注重德艺双修。人们常说，对于自己的曾经，对错荣辱，都要坦然面对。芸芸众生，不要说草民百姓，就是圣贤之士，又有几人愿意直面曾经的荒唐过错？多是遮掩了又遮掩，讳如疮疥之疾。有时实在规避不开，自己自嘲似的调侃几句可以，倘若遭受他人戏谑，立时就寒了脸，恼了心。为此一言成仇，断了亲朋的事例可以说是不胜枚举。

虚伪，人都是有的，只是多少不一而已。

欧阳修初入洛阳的时候，欢歌享乐是有些过，行止不够严谨。在钱惟演等朋友的言传身教之下，认识到了这些有失品节的举止，及时纠错，检点于生活，专心于文化与政务。即使如此，与他政见不一的人们，还是围绕着"金钗"展开联想，但实在找不到他与坊间哪位女子有难见日月的苟且之事，只好以一些龌龊之词，污其家风败坏，人伦丧悖。

自古文人多风流，若欧阳修只是诗词人物也就罢了，风流如唐伯虎，在脂粉堆里摸爬滚打，却也是一段佳话，少有人为此在他身后喋喋不休。怎奈他不管是在文化之旅，还是权政之途，都是碑石山峰级的人物，被政敌捕风捉影地攻击，也就在意料之中了。

每每我们仰叹山峰极顶的美，也更应知道那里多有风寒。高处，绝非唯美的仙界。

欧阳修的确是历史烟雨中的人物，但他也有凡心。《临江仙》一词，金钗一事，几乎成了他的心病，纠结反复。而他的学生们对于"金钗"等诗文极力反驳，说欧阳修怎么会写那样的艳俗诗词呢，不过是一些人为了贬低先生而制造的托名伪作。为此，欧阳修都不曾发声，任学生们与人争吵。想来，这也算是一种遮掩吧？

对于那段沉迷于歌舞之欢的日子，欧阳修的确是深有悔意的，多年之后他曾经写道：

仆知道晚，三十以前尚好文华，嗜酒歌呼，知以为乐而不知其非也。及后少识圣人之道，而悔其往咎。

——《答孙正之第二书》

年轻的时候唱歌跳舞，光知道高兴了，却想不到那是要惹是非的。

其实早在洛阳，在"金钗事件"之后，欧阳修就后悔了，他虽然嘴上不说，却非常在意这方面的说词，甚至有些敏感。那次是梅尧臣因公再到洛阳，处理完事务之后，少不了要与朋友们一起把酒言欢。觥筹交错之间，也不知道谁忽然就说到了白居易。正如前文所说，这位前朝的诗魔，晚年筑园于洛阳普明寺后，与一干老友诗酒相欢，举办"七老会"，后又加入两位，遂成后人描绘的"九老图"。聊到这里，梅尧臣突发奇想，说咱们这些人不是很有"九老会"的意思吗？何不效仿"香山居士"等等诸位先贤，也取一个统一的雅号？

哪个文人不喜欢这类的雅事呢，更何况还借着酒兴，大家听罢无不拍手赞成。立刻也就根据各人的喜好、性情，互相题赠了雅号。在座的除了钱惟演、谢绛因为是官长，不好并列，其他人都得到了喜欢的名字。当时欧阳修因事没有到场，但毕竟是过从甚密的好友，也为他选了一个"逸老"的名号。大家多方斟酌，感觉这雅号的确非常适合欧阳修，认为他也一定非常乐意接受。梅尧臣更是趁着高兴劲儿，兴致勃勃地写了封信，详详细细地说明这是一次多么快乐、多么有意义的聚会，很可惜欧阳修没能参加，若他这位"逸老"到场就更加圆满了，那就实实在在地成了时下的"洛阳八老会"。还好，毕竟相居附近，很快也就后"会"有期。

酒助文心，文借酒力，梅尧臣的信写得情意洒洒，欧阳修读得心旌飘扬。当他看到大家给他取的雅号为"逸老"时，却脸色一凛，很是不快。梅尧臣几番解释，朋友们也多有疑惑：这么超然潇洒的名号，你有什么不高兴的？在欧阳修心里，这雅号似有放纵轻狂之意，也就想起了那"金钗"之窘，所以他坚持不受，极力要求将自己的雅号改为"达老"。

梅尧臣是欧阳修的至交好友，其他人也都是难得的知己，"逸"字的确十分贴切，大家绝无半分羞臊他的意思，只是欧阳修想多了。但毕竟当时欧阳修还很年轻，心性尚不够厚重成熟，情绪激动也可以理解。若是中年已远，怕是就没有这番的小小纷扰了。

欧阳修忌讳于"金钗事件"，一是怕这成为政治的癣斑，再者他与妻子感情甚笃，他怕那次雨后黄昏之约，成为他们两人之间的芥蒂。因为爱，才怕伤。自己一时的贪欢，真的也不可原谅。

欧阳修与胥氏新婚燕尔，筑巢洛阳，一直相亲相爱。胥小姐生于权贵之家，享受的是富贵日子，嫁到欧阳家，也是浅尝清寒。可她毕竟得胥偃的家风家训，知书达礼，贤德温柔，不仅对丈夫爱意满满，礼送出门，恭迎回家，也对婆婆满心孝敬。因为欧阳修常常参加一些酒宴雅集，也就出入无序，更何况还时有醉酒狂放，胥氏都毫无怨尤，殷勤侍候左右。欧阳修对这个貌美纯善的妻子，非常称心。每每忙完繁杂之事，多是回家相陪，卿卿我我，也有携手风景，花前月下。当然，更少不了诗文表达，他在一首《南歌子·凤髻金泥带》中，对自己这位小娘子这样生动地描写道：

> 凤髻金泥带，龙纹玉掌梳。走来窗下笑相扶。爱道画眉深浅、入时无。
> 弄笔偎人久，描花试手初。等闲妨了绣功夫。笑问双鸳鸯字、怎生书。

初嫁的新娘子，用金饰带束着发髻，头发间还插着一把玉梳子，蹑手蹑脚地跑到丈夫书房的窗前，可人家正专心地写字，没有注意她的到来，没理她。她只轻轻地咳嗽了一声。丈夫看到窗外假装羞恼的妻子，便笑着过来扶她。一边往前走，她一边问丈夫："我画的眉毛是浓了还是淡了？好看不？"她依偎着丈夫，手里摆弄着纸笔，说是要学画花。丈夫说："母亲看见会嫌弃你耽误了做女红。"她道："我就不，就让你陪我玩。"忽然又停下手中的笔，满脸羞红地低声问道："鸳鸯两个字咋写？"

其举止之可爱，言谈之俏皮，心性之乖巧，生动地跃然纸上，欧阳修的喜爱之情也鲜活在词句之间。

如此相爱相依，将是多么美好的人生。却只叹，多少痴男怨女突遭命运的戏弄，方才你侬我侬，转眼是花残西风，唯留痴心人，伤遍朝朝暮暮。

转过年来，胥氏怀了身孕，欧阳修对妻子更是疼爱有加，处处悉心照料。最高兴的是他的母亲，想她那时拖着一双年幼的儿女，虽然有小叔家可以立身，但毕竟是寄人篱下，辛苦倒好说，那份屈身屈心的感觉，外人怎么能知道？熬到儿子成家立业，终于身心舒展，苦尽甘来。如今她又将享受弄孙之乐，着实是心花怒放。

妻子身怀六甲，但因公务在身，却不能时时相陪，欧阳修心中总感愧疚。明道二年（1033），春节刚过，欧阳修却又要出差，而且是远离洛阳。看着妻子日显拙笨的身子，欧阳修拉着她的手不忍离去。胥氏却调皮地安慰他："去吧，去吧，说不定等你回来，家中就已多了个小欧阳。"妻子调皮的话语，让欧阳修一下子笑了，心中稍有释然，轻轻亲了一下胥氏，这才恋恋不舍地出了家门。

虽然总是牵挂着妻子，但这次公差却距随州不远，欧阳修一生刚正不阿，却是一个知道感恩的人，他深深地明白，若是没有叔父，自不会有今天，所以他特意借道随州看望了欧阳晔。相别已是两年，叔侄相见欢欣自不待言，欧阳晔尤为激动，遥想当年哥哥病亡，嫂嫂抱女携子来投，那种境遇好不可怜。如今侄子小有功名，才华渐显，光耀欧阳家门大有希望。原本说好了小饮几杯，因为年关刚过，酒宴较多，热闹得有些疲累。可屈屈几杯怎么能释放心中的快意？欧阳晔看着愈来愈俊朗的侄子，想着亡故的哥哥，那是哭一杯、笑一杯，从晚照初红，不觉就是夜静更深了。一弯斜月，已挂在了西窗。只待曙光浅露，这才有酣声响起。

这趟公差之旅并不顺利，那天正逢寒食节，欧阳修却困在了达花山上的一个客栈。看着窗外纷纷的苦雨，他遥望着洛阳，顿时有一种寂寞的感觉涌上心头：

客路逢寒食，花山不见花。

归心随北雁，先向洛阳家。

——《花山寒食》

好在终于到了汴梁，这里离洛阳并不遥远，在京城里办完最后一件事就可以回家了。谁知，计划没有变化快，逗留了一天又一天，差事却难以了断。欧阳修渐渐焦虑起来，总是惶惶不安，也许他已经感知到了，将有一场家庭之难、情感之灾马上就要降临。

春暖花开，本应是一个好日子。胥氏也在这春风十里的日子为欧阳修生下了一个儿子，然而产后却患上了重病，花事渐盛，她却日渐虚弱。欧阳修知道消息后心急如焚，也顾不得差务之事了，立即动身回洛阳。胥氏多日没进一米一汤了，已经说不出话来，可她看到欧阳修的时候，眼光一下子亮了，轻轻扭头瞟向身边的儿子，脸上掠过一丝笑意。别时还是花容月貌，再见却是憔悴得不成人形。欧阳修伏在妻子的病床前，泪如雨下。他责问仆人们为什么不请最好的医生，家人们说早就请遍了城里的大夫。胥氏依在欧阳修的怀里，也不呻吟，也不挣扎，不几日，就静静地离开了。

满城花开，唯有欧阳修独对素缟之色。胥氏的离去，让他备受打击，每日里深陷在悲伤之中。"死不可复，唯可以哭。"妻子只有十七岁，她那么年轻。真的，他真的不敢相信胥氏就这样走了，呆坐在书房里。雨敲打着房瓦，风掀动书卷。是你吗？是你吗？你一定还在。或在窗外朝他做着鬼脸，或在身后要来捂他的眼；或许端一杯夜茶来，更有两碟精致的小点心。可，爱人的身形怎么也看不真切，如云如烟，如光如影：

可见惟梦兮，奈寐少而寤多。

或十寐而一见兮，又若有而若无，乍若去而若来，忽若亲而若疏。杳兮倏兮，犹胜于不见兮，愿此梦之须臾。

……

——《述梦赋》

心上人就这样走了，只有梦里才能再见，他多想在那梦里永不醒来，与其同沐春风之欢，共享厅堂之爱，一如从前。只是那梦明灭一刹那，倏忽而来，倏忽而去，闪得人心好疼。

一壶酒干了，再续一壶，欧阳修萎靡得早已经不像他自己，蓬头垢面，衣衫不整，整日里足不出户，自言自语。亲朋好友多来劝慰，说春色尚在，苑中牡丹还美，出去散散心吧。一说花，更让欧阳修难过。往年春天，他与爱人携手三月，到如今，花还在，人却已经故去，怎不让人心如刀绞：

> 忆予驱马别家去，去时柳陌东风高。
> 楚乡留滞一千里，归来落尽李与桃。
> 残花不共一日看，东风送哭声嗷嗷。
> 洛池不见青春色，白杨但有风萧萧。
> 姚黄魏紫开次第，不觉成恨俱零凋。
> 榴花最晚今又拆，红绿点缀如裙腰。
> 年芳转新物转好，逝者日与生期遥。
> ……
>
> ——《绿竹堂独饮》

这突然逝去的初爱，真真地让欧阳修痛了，他在这悲伤里纠结了好久，徘徊了好久，依然不能自拔。

爱了，就要珍惜当下。不要别了，才懂得那份真。到那时，只怕你写尽悲伤的词，也写不尽悔恨的心。多少古事，读来断肠，想来断肠，怎奈读罢，却傻傻地转身做了断肠人，再成别人泪水打湿的纸上笔墨。好可叹！

野水苍茫起

　　文人醉情于山水，心性也就俊秀了，思想也就空灵了。大山大川会让他们渐起苍茫情怀，而震古烁今，汤汤千古。

　　洛阳，山之灵，水之盈，花之锦，让欧阳修的文字更加旖旎，而城之古幽中隐隐透出的王者之气，也让欧阳修的思想褪去青涩，渐渐厚重起来。

　　黄河，距洛阳并不远，欧阳修一而再、再而三地反复游走于洛阳的远近，低吟浅唱在那些风景之地，却不知他为什么没有去游览过黄河。这似乎有些意外。难不成黄河那通古博今，磅礴于天地之间的威名镇住了他？毕竟那时，欧阳修初涉文坛，没有经过飞沙走石的砥砺，功力尚浅，不敢招惹这出于大野，归于浩荡的大气势。只怕一落笔就软了，就散了，就瘦弱了，污了黄河的名号。

　　爱着，却不草率地表达，这是做人的操守。倾情一方，却不轻易落笔，这也是文人的品德，不然那些轻狂的文字，败的只是自己的名节。

　　一水一诗、一山一词、一楼一曲、一亭一文、一城一赋的文艺佳话太多太多了，没有哪位真正的文人会轻易地卖弄笔墨，有了真情，用了真情，才肯落笔，一出手就不同凡响，一出手就多有传诵。想那王之涣与鹳雀楼、杜甫与东岳泰山、王勃与滕王阁、周敦颐与莲花等等，不一而足，俯拾皆是。这些诗文与亭台山水等景物相互辉映，从此流芳千古。黄河，那涤荡天地的气势，不知道打动了多少人，也早有李白那"黄河之水天上来"的恢宏诗句写在前面。由此，欧阳修对黄河也就这样谨慎着，不敢轻易相见，他怕一相见就收不住心，就守不住情，会写出俗浊的文字。

其实早些时候欧阳修和黄河是有些文字交集的，那是天圣九年，好友梅尧臣调任河阳时初次见到了黄河，立时被那汹涌澎湃的气势所震撼，一改自己俊雅素淡的诗风，纵情泼墨，挥洒文字，写就了一首铿锵诗作。欧阳修看罢颇为欣赏，感觉很有前朝韩愈的味道，这也是他一直追寻求索的风格。他本想当即唱和一首，但他毕竟没有见过黄河，也就不敢胡乱填写。到了第二年，才凭着对梅尧臣诗句的揣测和琢磨，写下了《黄河八韵寄呈圣俞》，但诗中很少有描写场景，多是感叹黄河难以治理带来的祸患。就这样，欧阳修与黄河也一直没有相约，从春到夏，从夏又到秋。也许他在等待一个时机，积蓄一份情感，盼望与心灵对接的那次遇见。

好了，他与黄河终于没有错过，他没让自己等得太久。

那是露生凉、霜渐寒的时节，欧阳修受命前往巩县。不再刻意回避，不是故意相约，一切是那么自然而然地到来。他，终于见到了黄河，那个他在梅尧臣的诗里一再吟咏的激流。黄河在这里突三门峡而出，汇聚了几条大支流，更是一泻千里，势如万马奔腾，声若雷霆万钧。山在颤抖，地在颤抖，一切都在那咆哮之中沦陷了、虚无了。

那隆隆的轰鸣，让欧阳修突然心性大开，丧妻之后的低落情绪，瞬间就滚滚而去。志在凌云的男儿，怎可以只沉溺于往日的悲伤，只迷恋于瘦草软花？纵横于江山之爱，鞠躬尽瘁于民心之情，方是英雄本色。此时，他想起了历史中的传闻：那时，江河泛滥，各地水灾肆虐，大禹的父亲受尧帝的指派治理水患，只可叹劳碌了九年之多，却不见成效，怀着遗恨被赐死在羽山。大禹为了清洗父亲的耻辱，义无反顾地接替了父亲的使命，饮冰卧雪，求贤问达，"三过家门而不入"，终于制订出了疏分之法，成就了水利史上的壮举。那一刻，大禹没感到雪耻的荣耀，他霍然明白，这一切，原本就是他的责任，是一个好男儿的担当。

岁月悠悠，朝代更迭，大地上的许多河流都消除了灾情，只有黄河桀骜不驯，还留有祸患。历史，需要继往开来，这似乎也在昭示欧阳修，要想创造美好，就得在继承中努力创造。想到这些，欧阳修面对着波澜壮阔的黄河，不禁高声放歌：

河决三门合四水，径流万里东输海。
巩洛之山夹而峙，河来啮山作沙嘴。
山形迤逦若奔避，河益汹汹怒而詈。
舟师弭楫不以帆，顷刻奔过不及视。
舞波渊旋投沙渚，聚沫倏忽为平地。
下窥莫测浊且深，痴龙怪鱼肆凭恃。
我生居南不识河，但见禹贡书之记。
其言河状钜且猛，验河质书信皆是。
昔昔帝尧与帝舜，有子朱商不堪嗣。
皇天意欲开禹圣，以水病尧民以溃。
尧愁下人瘦若腊，众臣荐鲧帝曰试。
试之九载功不效，遂殛羽山惭而毙。
禹羞父罪哀且勤，天始以书畀於姒。
书曰五行水润下，禹得其术因而治。
凿山疏流浚畎浍，分擘枝派有条理。
万邦入贡九州宅，生人始免生鳞尾。
功深德大夏以家，施及三伐蒙其利。
江海淮济洎汉沔，岂不浩渺汪而大。
收波卷怒畏威德，万古不敢肆凶厉。
……

黄河初见，就震撼了欧阳修的灵魂，壮阔了他的胸襟，思想境界提升到了一个崭新的层面。这首《巩县初见黄河》，是欧阳修少有的纵情文字，博古论今，是融入散文的精神和技巧的力作。文理畅达，气势舒展，颇有他一直渴望追寻的古文之风，似与韩愈声息相闻。这是隔着一个朝代的烟雨，他与韩愈第一次实实在在地遥遥相望。他，也要有担当。拨开云雾，山峰渐起。

宵小之心，只有草芥之得。立于大野，才能放马苍茫！别了洛阳，别了黄河，欧阳修真正地上路了，一路刚正，一路坦诚，一路诗酒之歌。

独为未归客

没有哪一场欢宴，可以常聚不散。

"择一城终老，遇一人白首。"我觉得这是浪漫得无以复加的悠然。对于欧阳修来说，洛阳就是一座欢宴之城。

这一城有了，那一人遇了，还有诸多文酒相欢的师友。原以为日子如溪流淙淙，这般素净向远，清炖水煮年华。与所爱的人不求浓浓相守，只求清风朗月照料好时光，开门是一院红绿，关窗是一室兰香。有书卷暖手，有清茶邀月。间或与三五好友，温一壶酒相伴，写一首诗当歌；再倾情于山水，恣意遨游。

想青春那年，我也遥想诗酒花。那一人遇了，却无那城。日子在颠簸中支离破碎，偶有欢心，唱出的却是忧伤，沙哑复沙哑。也有诗歌，却是寄不出去的信笺，在风里零乱。总怨尤，时光负了我。再回望，却懂得原来是自己负了时光。好在终得红泥小火炉，有薄酒可温，有稀粥可煮，依在闲闲的光阴里小栖。

初时的洛阳，果然是美不胜收。新花灿灿初开，新娘羞涩初嫁，新友一一初遇。那时的欧阳修，眼前花天酒地，心中天光云影。

你任凭如何美好，都不似那时洛阳。

春风满街，花团锦簇，日子依春夏秋冬而行，终是有凋零。想那紫薇，花期算长的了，也不过是百日之红。且不说朝开暮落的木槿还有一日之欢，而那昙花，匆匆而来，匆匆又别，还不曾看得真切，就已经成殇，你说能惹多少愁？

对欧阳修来说，洛阳能比成什么花呢？但不管怎样，很快就要离开了。

天圣九年秋天，果然就是一个凋零的日子。梅尧臣，这个洛阳第一个相遇的好友，不想却是第一个相别之人，欧阳修心里自是非常难过。好在他这次调任到洛阳城不远的地方，偶尔还会有公务交集，去去来来，正好公私兼得，和朋友们相会。为此，欧阳修稍感安慰，不至于以泪相送，但他心中依然很是怅然，挥笔写下了感情真挚的《送梅圣俞归河阳序》：

洛阳，天子之西都，距京师不数驿，搢绅仕宦杂然而处，其亦珠玉之渊海欤！予方据是而择之，独得于梅君圣俞，其所谓辉然特见而精者邪！圣俞志高而行洁，气秀而色和，蘄然独出于众人中。初为河南主簿，以亲嫌移佐河阳，常喜与洛之士游，故因吏事而至于此。余尝与之徜徉于嵩洛之下，每得绝崖倒壑、深林古宇，则必相与吟哦其间。始而欢然以相得，终则畅然觉乎薰蒸浸渍之为益也，故久而不厌……

那一日的初见，却成至交，情感交融，相随一生。一辈子，能有这般一两好友，足矣。

明道二年，钱惟演突然被罢去了西京留守一职，只好辞别洛阳。作为吴越王钱俶的后人，钱惟演太过于追求私利，一生刻意攀附权贵，对于有不同政见的人极尽打击，再加上没有什么政绩，因此遭人弹劾。但他在就任洛阳最高行政长官期间，钱惟演对身边同道中人却是非常宠爱，处处为他们创造良好的学习环境。扶持后学，推崇文化，为洛阳乃至北宋的文学繁荣起到了推波助澜的作用。欧阳修等人，便深受其益。

腊月的洛阳，冷雨潇潇，间有雪花零乱。钱惟演就要被贬往随州了，大家在瑟瑟的寒风中依依不舍。欧阳修更是心生感怀。洛阳的这几年，钱惟演在为文为人上，都给予了他极大的帮助，可以说既有师长之恩，亦有兄弟之情。想想他这一去寒山瘦水，不知何时才能相见，泪水就悄悄滑落：

诏书走东下，承想忽南迁。送之伊水头，相顾泪潸潸……
——《书情感事寄梅圣俞》

送别的话说不完，送别的酒喝不尽，大家追忆着过往，更是唏嘘不已，依依不舍。钱惟演看着这群情真意切的同僚好友，也是感慨万千，挥笔一阕《木兰花·域上风光莺语乱》，并命歌伎们即时演唱于酒宴之上：

城上风光莺语乱，城下烟波春拍岸。
绿杨芳草几时休，泪眼愁肠先已断。
情怀渐变成衰晚，鸾鉴朱颜惊暗换。
昔年多病厌芳尊，今日芳尊唯恐浅。

钱惟演作为"西昆体"的骨干诗人，诗词追求雕饰、精细，多是空泛的文字，这作品虽然算不上多么有格调，却是难得的触景感怀的性情之作，那悲凉的意境，再配以歌伎们哀伤的唱腔，让在座的人纷纷潸然泪下。

一曲唱罢，钱惟演家的一位老歌伎已是泣不成声，呜咽道："先王（钱俶）当年临终前也曾吟诵《木兰花》作为自己的挽歌，和您这曲意思相近，难道您也将不久于人世了吗？"

果然去随州不久，钱惟演就在冷清寂寞中死于任上。

别曲却成挽歌，相约永为追忆，今天再读，更能读出那份垂暮之中的无奈和苍凉。

钱惟演毕竟是洛阳文化圈中的倡导者，是旗帜性的人物，他一去随州，这里的诗词歌会，一下子就寂寥了。谢降虽然有心，可毕竟是副手。继任西京留守的王曙，品性还算不错，但他专注公务，不喜文艺，那种宴宴有诗，席席有词的文化盛景再也无以为继。紧接着，王顾、杨愈、谢降等人先后离开洛阳。即使相距不远的梅尧臣，虽然小有官阶，但因为还没有正式考取进士，为了参加礼部和省试，也去了汴京。

别了又别，送了再送，欧阳修感伤日深。好友们不分时令、不分季节地一一远去，更有本想白首百年的人也梦断春风。站在伊水岸边，形影相随，欧阳修忽然发现，洛阳于他，竟然成了一座孤空之城。

岁暮寒云多，野旷阴风积。
征蹄践严霜，别酒临长陌。
……
——《别圣俞》

"侬今葬花人笑痴，他年葬侬知是谁？"黛玉在零落的花语中是如此之悲。"都道读者痴，谁解其中意。"对于欧阳修来说，虽不至于伤感至此，但他毕竟是一个感性之人。

昨日一一相送，明日谁来送别欧阳修呢？

亦独亦客，这一城，已不是终老之城。城还在，心却空。走与不走，洛阳花都已经在彼岸。哪怕回首再回首，也只是水中月，一波一波，满是流年碎影。

原以为是一场美丽的欢宴，却不想最后是一次心灵的放逐。

留芳待客归

许多离开,你都无法相随。不管是朋友相去,还是爱情相远,抑或亲情相别。别去的,千山万水,送别的,郁郁怀想,捻断一日一日的光阴,看一瓣花枯,说一枚叶落,更苦。

漂泊和相守,两两相望,知的却是浓稠,说的终是清浅。

最后的洛阳,欧阳修备感寂寞,独语远山,孤照洛川,日子百无聊赖。薄了冰雪,淡了春寒,当明媚渐满城的时候,不免让他又心生感慨:

> 把酒祝东风,且共从容。垂杨紫陌洛城东。总是当时携手处,游遍芳丛。聚散苦匆匆,此恨无穷。今年花胜去年红。可惜明年花更好,知与谁同?
> ——《浪淘沙·把酒祝东风》

没有人同品花香,没有人共听燕语,再好的美景又能怎样呢?聚散总是匆匆,让遗恨绵绵。明年的花也许更好,却怕还没有同看的人。

独对春风,谁又能说什么?

这时,欧阳修想起共剪西窗烛的妻子,想起文酒相欢的师友。故去的,佳音难寄。还在的,为什么也不捎一封信笺来,哪怕只有三言两语,也可以聊以安慰。说好了,大家都不要相忘的,短短的时间,你们就不记得我了吗?不记得我也就罢了,怎么能不记得这座城;不记得这座城也就罢了,怎么能不记得那一城花开呢?多美的曾经。

真的就是一别无故我,一别无旧情?一首《木兰花·别后不知君远近》真叫人读得几番落泪:

别后不知君远近,触目凄凉多少闷。
渐行渐远渐无书,水阔鱼沉何处问。
夜深风竹敲秋韵,万叶千声皆是恨。
故欹单枕梦中寻,梦又不成灯又烬。

自从朋友们一别,满眼都是凄凉之景,满耳都是萧瑟之声。一去茫茫,没有消息可以相问。长夜之中一个人辗转反侧难以成眠,梦也做不成,睁开眼吧,又是漆黑一片,怎么不让人心生怨恨之意。这该怪谁。

最好不相见,便可不相恋。
最好不相知,便可不相思。
最好不相伴,便可不相欠。
最好不相惜,便可不相忆。

仓央嘉措的歌,莫要只听成欢爱,梵音不是坊间俗语。

在忆念中苦苦纠结,欧阳修原本就虚弱的身体再也无力支撑,终于病倒了。这一病,就是一个春天。许是沉疴日久,他还时常说一些癫狂之语、鬼怪之词,吓得仆婢们惊慌失措,竟然叫来巫婆神汉,这真惹恼了欧阳修,一顿从没有的呵斥,劈头盖脸地来了。

欧阳修苦苦守着一方城，悲，幽幽在心，喜，的确已不在。该来的没有来，不该去的，却已经远去。好在，终于收到了一封远方来信，他激动不已，强打着精神非要把信使送到门外，直到那嘚嘚的马蹄声消失在长街的那端。

他等不及回到房间，就倚着门柱拆开了书信。那是钱惟演的儿子钱暄的信，他知道欧阳修体弱虚寒，春天更容易复发旧病，所以对欧阳修的身体状况特别关切，句句情真意切。文字中最后问及洛阳的景色可好，花开几何，怀恋之情溢于言表。欧阳修知道信虽然是钱暄写的，其实更是钱惟演的意思。只是钱惟演人已老不好言情，也就以儿子的信托自己的心。但欧阳修不曾知道的是，此时，远方的钱惟演其实已经病入膏肓，如风中残烛了，明灭恐怕就在须臾之间。

一别洛阳，再无归来，魂断荒城，凭吊感怀。一代诗文高手，只落得风雨凄凉。就算是有帝王的追谥，却似匕首，让死者羞愧，让生者惶惶。若钱惟演不离开洛阳会怎样呢？至少应该有个更隆重些的葬礼吧？

一封信，让欧阳修的病情好了大半，思绪也清楚了，忽然怪罪起自己来，总是时时盼着别人的来信，自己又何尝寄了书信于远方呢？他急急忙忙地推开了书房的门，只是书桌上笔已僵，砚已冷。他这才恍然记起，是有些时日没来这里了。拭去案几上的灰尘，换了新笔，磨了新墨，铺下纸张，立时挥笔写道：

之子问伊川，伊川已春色。
绿芷杂芳浦，青溪含白石。
山阿昔留赏，屐痕无遗迹。
惟有岩桂花，留芳待归客。
——《答钱寺丞忆伊川》

你问现在的洛阳，春色是有些过了，山间水畔，早已芳草萋萋、树木葱葱，遮住了我们往日游玩的痕迹。不过，来吧来吧，那高处未开的桂花和我一样，留着芳香等待远方的朋友归来呢。

人家只是问问景可新、人可好，也许只是客套，什么时候说要回来看看了？欧阳修却急切地"待归客"了，那渴盼的心情溢于言表。

沉迷于曾经，也许就失去了当下。很多的时候就是这样，我们只顾回头想念了，而身边的诸多美好早已擦肩而过。

新来的同僚都很不错，不仅念及他是留守的前辈，更崇拜他学富五车的才华，所以都对欧阳修格外敬重。只是欧阳修时时都是想念之词，对新朋友们总是交不了心，多是浮言泛语。接替钱惟演任西京留守的王曙，人还是很不错的，除了风纪严苛些，也算是知人善任，虽是短短两个月的相处，但他对欧阳修是很认可的。特别是欧阳修认真细致的态度，让王曙大加赞赏。有一件案子的审理，更让他对欧阳修刮目相看。那是一个逃兵的案件，按照当时的律法，逃兵是要斩立决的。可欧阳修在审理中发现案情并非这么简单，应该做进一步的查证，再做处置。王曙闻听后很不以为然，责怪欧阳修优柔寡断，并令他立即依法决断。

欧阳修并没有畏于官长的气势汹汹，坦然道："此案若是由您审理，我也会以理力劝。生死之事决不可草率，必要弄清原委。"

几日后，兵士服役地发来官文，那士兵果然有可以宽恕的逃跑理由。王曙知道后非常感谢欧阳修，不然他是要担滥杀无辜之责的。因此，他对才华过人，而且宅心仁厚的欧阳修印象更加深刻。不久，他调往汴京，临行时对欧阳说："我必定在皇上面前极力举荐你。"

欧阳修与王曙的交情算是不错了，身边的人众却都是泛泛往来。几问历史的烟雨，前一批的诗文之友离去之后，洛阳再少有浓情之交了。春色散尽的时候，欧阳修也已经任满。在同僚们为他饯行的酒席间，欧阳修所做的诗文，依然是对往日情谊的浓浓表达：

春山敛黛低歌扇，暂解吴钩登祖宴。
画楼钟动已魂销，何况马嘶芳草岸。
青门柳色随人远，望欲断时肠已断。
洛城春色待君来，莫到落花飞似霰。

——《玉楼春·春山敛黛低歌扇》

自己都要走了，还要"待君来"。谁能来呢？不就是曾经的故交老友。嘴里说着好男儿志在四方，却不忍听声声离歌。念念不忘，却是遥遥相望，真是让人断肠啊。

"尊前拟把归期说，未语春容先惨咽。"对酒当歌，想说当下相送的归期，却忆的是曾经相送的归期。约了归期，可谁又归来了呢？

第四章

知与谁同

飞到秋千处

想一个人，念一方水，太过于纠结，倒是一种伤害，唯有轻轻放下，才是珍藏。什么是唯一？一步泥沼，一步云天，淡然了，自美好。唯美如林徽因，谁说康桥不是爱，谁说她不爱康桥？别了，就别缠绵；别了，就别纠结；悄悄封在镜框里，悄悄卷在画轴中。当岁月老到泛黄，慢慢打开，那美，依然是新荷绽芳华，如声声梵歌。

美了一个人，美了一首诗，美了一段光阴。

一人是这样，一水当如此，一城也亦然。别了，也有美。

很多人老了，日子也就老了，是不是没有珍藏芳华的决心？是不是因为有太多牵挂在心？

景祐元年（1034），欧阳修离任洛阳，四周的景色虽然已经不是色浓香浓，但初夏的明丽清正，反倒让他心绪渐归宁静。

释然一城，才有千山万水；淡然一朵，更知万紫千红。

一段路有小桥流水，一段路有柳荫杂花；小镇上有人群熙攘的街巷，远山处见炊烟人家。洛阳三年，多在喧闹之间，即使闲游山水，也都是呼朋唤友，难有这般归于人间烟火的悠然。欧阳修一路上轻鞍慢马，和母亲指点着远近，说东说西说些没风没雨的闲话。

欧阳修非常开心，他忽然发现自己好久好久没有陪母亲这样自在地说过话了。他扭头看了一眼母亲，忽然孩子似的笑了，想起了小时候母亲在沙滩上陪他玩耍，教他学字的事。郑氏也笑了，因为她也好久没有看到儿子这样面带笑容了。她撩起车帘一直看着儿子。许是郑氏也想到了一些旧事，忽然就说到了女儿。这让正在四野中神游的欧阳修一下子愣住了。是啊，自从几年前将妹妹嫁到襄城县，竟然好久没有书信传递了。这么多日子，总是想这个念那个，近处盼远处望的，不想竟然把妹妹这样一个至亲的人，冷落在不远不近的地方不相问。

人，往往就是这样，那些东朋西友，北宾南客，总是神侃海聊，酒来宴往。而对于亲近的兄弟姐妹，甚至是父母双亲，却常常忽略遗忘。其实他们要求的并不多，只须一个眼神的牵挂，一句话的问候。

悠悠古今，芸芸众生，大多都这样错着，当下的你我，甚至一错再错。《三字经》《弟子规》般的国学，不是老了，是我们一直没有读懂。那么古老的圣贤说教，一代一代，读得却越来越生涩，怎不生叹息呢？

欧阳修顿了一下马缰，忽然对母亲说："娘，咱去襄城吧。"已是满头白发的郑氏，竟然孩子似的连说了好几声："好啊。"

襄城县距洛阳并不太远，也就一二百里路。欧阳修洛阳做官虽然俸禄并不高，但一家人节俭惯了，也就攒了些积蓄。因为有了妹妹这门亲戚，欧阳修也就在这里置建了一处院落，说是他年之后来住，彼此有个照应。一个小小的县城，短短年岁里也没什么大的变化，自然不必求人指路。当欧阳修叩开院门的时候，妹妹竟然哭一声笑一声地傻在了那里。倒是妹夫张龟正急急上前，呼前唤后地将一家人引到了里面

母亲和哥哥的到来，让欧阳小妹高兴得喜不自胜，大声地招呼着张龟正烧水泡茶，割肉买酒。多日里，灯明烛亮，酒肉相欢，竟然远胜了中秋、春节的热闹。

襄城不错，不俟有城味，也有乡风。就像时下的城镇，喧嚣有霓虹，静谧有花草。若不求大发达，实在是个清居闲养之地。洛阳平素里多是诗欢酒乐的，没想到襄城如此悠闲自在，竟然也如此有滋有味。欧阳修特别开心，有时候在城里的集市上逛逛，看那买的卖的高声地讨价还价；有时候到城外的小村走走，学那些乡亲们粗一声细一声的村野小唱。日子是如此舒心快意：

路尽见家山，欣然望吾庐。

陋巷叩紫扉，迎候遥惊呼。

儿童戏竹马，田里邀篮舆。

春桑郁已绿，岁事催农夫。

朝日飞雉雏，东皋新雨余。

植杖望远林，行歌登故墟。

……

——《罢官后初还襄城弊居述怀十韵回寄洛中旧寮》

一别洛阳，竟然是这样朗月清风。

欧阳修也不多想，难得一家人这么欢天喜地地聚在一起，本打算多住些时日，谁知一纸诏令又传到了襄城。原来王曙进京之后，果真就向皇帝推荐了欧阳修，也就召他进京考试，以备新的任命。

城门外，亲人相别，母亲少不了又是一番叮咛。欧阳小妹虽然是一介女子，但从小受母亲和哥哥的影响，自然明白这事的轻重，心里尽管有一百个不愿意哥哥这么快就走，却还是急急地催他上路。欧阳修自小对妹妹非常疼爱，感情特深，见妹妹催他，也就调侃道："有了妹夫张龟正，也就没了哥哥欧阳修啊。"

妹妹立即回道："哥哥会有更俊的嫂嫂来疼，妹妹哪还用操心。"一言一出，觉得有些不当，急忙断了话音。母亲也心生嗔怪，在一旁狠狠瞪了她一眼。

欧阳修听了这话，心里一颤，但也不好说什么，只好讪笑着上了马。

欧阳修的学识，绝非昔日可比，考试自不在话下，而且很快就被授宣德郎、试大理评事兼监察御史、充镇南军节度掌书记、馆阁校勘。这么一长串的头衔很威风，却多是些虚浮的名号，也只有馆阁校勘算是实际的工作。所谓的馆阁，虽然不是权要，但却是皇帝非常看中的人才库，那里多是些青年才俊，随时都有可能被委以重任。

自胥氏去世后，欧阳修清欢寡欲，旧爱难忘，但他这般前途无可限量的好男人，提亲的自然是再三拥上门来，他都婉言谢绝了。此番位居京城，求亲的显贵人家更是络绎不绝。不过，经过襄阳短暂的调整，欧阳修的心境渐渐平静，对于再婚之事，他就不再回避。心事，也就有了。

那一日，吃过饭，天色将晚，空荡荡的房子里，形影相吊，孑然一人，一阵落寞袭上欧阳修的心头。他轻轻带上院门，独自走向了街头，不知不觉间竟然到了城外。忽然，一阵花雨随着晚风洒来。欧阳修抬头望去，花雨起处原来是一户人家的大树。院子里，巧笑嫣然，一群女子正欢天喜地地荡着秋千。落花如梦，丝带如虹，人影如仙，一时间触景生情，欧阳修轻轻吟出一曲《渔家傲·红粉墙头花几树》：

红粉墙头花几树，落花片片和惊絮，墙外有楼花有主，寻花去，隔墙遥见秋千侣。

绿索红旗双彩柱，行人只得偷回顾，肠断楼南金锁户，天欲暮，流莺飞到秋千处。

黄昏小遇，盈盈秋千，欧阳修时年不足三十，正值盛壮，自然心生荡漾，再加上想起小妹临别时的笑闹，忽然就对温暖的家庭、温馨的爱情有了一份新的渴望。于是，他开始慎重地考虑起自己的婚事来，经过几多思量，他比较偏爱于已故谏议杨大雅的女儿。

杨大雅生前被世人称为"有德君子"，想来他的女儿自然知礼向善。很快就到了秋天，郑氏从襄城来到了汴京，听说儿子有再娶之意，自是高兴得不得了，连忙拜见了杨家人，将亲事定了下来。很快下帖、相亲、插钗、下定等礼数走了个周详，便于年底将杨家小姐迎进门。

杨小姐，也是大家闺秀，但没有一点儿娇羞之气，疼爱丈夫、孝敬婆婆、宽待仆婢，更懂得勤俭持家，从不怨尤夫家的清寒，时常回娘家讨要些礼物，充盈日常家用。每当丈夫夜读，杨小姐多依偎相陪，因为她从小受父亲的熏陶，诗书也是她的喜欢。

有妻可爱，有母可孝，和美的日子让欧阳修精神大振，心生甜蜜。

转眼是正月十五，时为景祐二年，欧阳修本来当值差务，但他依然约好了妻子同看花灯。待天色刚刚薄黑，他就催人换了班。长街上，人海中，他和妻子牵手穿梭，观灯猜谜，私言俏语，欢乐得像一对神仙伴侣。欧阳修看着楼角圆圆的月亮，悄悄对妻子吟道：

青春何处风光好，帝里偏爱元夕。万重缯彩，构一屏峰岭，半空金碧。宝檠银釭，耀绛幕，龙虎腾掷。沙堤远，雕轮绣毂，争走五王宅。

雍容熙熙昼，会乐府神姬，海洞仙客。拽香摇翠，称执手行歌，锦街天陌。月淡寒轻，渐向晓，漏声寂寂。当年少，狂心未已，不醉怎归得。

——《御带花》

大好时日，怎可辜负了，歌吧、欢吧，天将明了也不想离开，不醉透，怎么能回呢？

元宵节自汉代初兴，到宋朝最为兴盛，不仅是男女通宵达旦的狂欢夜，王公显贵无不出游,甚至皇帝也上街同乐。宋朝末年,风雨飘摇,诗人辛弃疾依然在诗中写道:"东风夜放花千树,更吹落,星如雨。宝马雕车香满路。凤箫声动,玉壶光转,一夜鱼龙舞。"此热闹程度可见一斑。

爱,让欧阳修情怀重生,再也不见前一段时间的悲苦之词,起笔落墨尽是欢声,仿佛又成吟诗少年。京城初任,好似洛阳初欢。

秋节最劲豪

此时，岁至秋凉，窗外景色渐寒，风急霜冷，不禁让我想起唐王李世民的那首五言诗《赠萧瑀》：

> 疾风知劲草，板荡识诚臣。
> 勇夫安如义，智者必怀仁。

洛阳三年，欧阳修渐趋成熟，已非只识贪欢的诗词少年，由"以家为家，以乡为乡"的小思考，升华为"以国为国，以天下为天下"的大境界。懂得自己不该只有诗词之技，更应有江山之谋，解民忧，疏政通，达国强，言必直指人心，谏必顷力国政。谋福天下，才是大德千古。

纵观欧阳公的一生，他不仅致力于文化之途，乃千古奇才、全才，是一座让人仰望的高峰，而其政治大节，绝非常人能比，使无数贤官义臣钦佩，后人晚辈追随，亦是青山一座。

景祐元年，欧阳修回到汴梁，此时礼部的省试刚放榜，当他得知才识卓越的梅尧臣竟然没有考中，他大为震惊，其失落之情超过当年自己初败于考场，于是凛然写道：

> 黄鹄刷金衣，自言能远飞。
> 择侣异栖息，终年修羽仪。
> 朝下玉池饮，暮宿霜桐枝。
> 徘徊且垂翼，会有秋风时。
> ——《赠梅圣俞》

他一边安慰、鼓励着好友，一边和更多的人交流看法，并对这种选择人才的公正性提出了质疑：

> 科场果得士乎？登进士第者果可贵乎？
> ——《与舍人绛》

欧阳修甚至还毫不留情地抨击了主考，说考官不够贤达，不懂变通。看则误人，实则误国。这些言谈，惹恼了胥偃，因此两人渐生间隙，渐行渐远。其实欧阳修不是不知道当年的主考是自己的岳父，但他认为越是亲近之人，更应该实话直说。胥偃既然是一个爱才识才的朝廷大臣，出现了这样的结果，那实在是一种犯罪。

尖锐的陈词，表达了他的内心；痛击亲情，反映了他对时政的不满，这也给他日后力举新政，革新科举埋下了伏笔。

初到洛阳，恰好诸多好友因事在京，大家自是喜不待言，免不了把酒言欢。相别之时，谆谆相约，再不要像洛阳时，一别杳杳。彼此要多寄诗文，常报平安。果然大家多有书信往来，诗词相和。可唯有富弼，却如黄鹤南去，了无音信。重情重义而又坦诚刚正的欧阳修，等了再等，终于按捺不住，挥笔责问富弼：

> 当时相顾切切，用要约如此，谓今别后，宜马朝西而书夕东也。不意

足下自执牛耳登坛先歃，降坛而吐之，何邪？平生与足下语，思欲力行者何限？此尺寸纸为俗累牵之，不能勉强，向所云云，使仆何望哉？

——《与富文忠公书》

为人处世，要说到做到。平时的小事要这样。登坛拜神，降坛吐吐槽，这是什么毛病？如果有一天承担了国家要职，竟然朝令夕改，岂不害己误国？

富弼与欧阳修，虽然是洛阳的旧友，但心性和政见还是有所不同的，那时聊兴滔滔，是觉不出这些嫌隙的，可时日见久，也就渐行渐远了。

欧阳修虽然官居低位，但对于国家大事渐渐入心，对于那些中正的贤达之士，不论远近都想交结。早在洛阳的时候，欧阳修对范仲淹就多有耳闻，知他敢说敢言、有品有节，当时仅为一个小小馆阁校勘的他，对朝廷大兴土木，太后越权降诏等事件，提出了强烈的批评，虽然为朝野上下敬佩，但多经磋跎，几番遭贬斥。尽管如此，欧阳修却暗暗发誓，力求做范仲淹似的人臣。后来宋仁宗谋求改革，起用人才，范仲淹得以重召入京，任右司谏。当时的宋朝，虽然表面繁荣，但外祸已起，内忧隐隐渐显。欧阳修看在眼里急在心里，当得知范仲淹重回汴梁后，极为高兴，马上写了一封信，希望他不负国之重责和对国家革新的热切希望：

司谏，七品官尔，于执事得之不为喜，而独区区欲一贺者，诚以谏官者，天下之得失、一时之公议系焉。今世之官，自九卿、百执事，外至一郡县吏，非无贵官大职可以行其道也。然县越其封，郡逾其境，虽贤守长不得行，以其有守也。

吏部之官不得理兵部，鸿胪之卿不得理光禄，以其有司也。若天下之失得、生民之利害、社稷之大计，惟所见闻而不系职司者，独宰相可行之，谏官可言之尔。

故士学古怀道者,仕于时,不得为宰相,必为谏官,谏官虽卑,与宰相等。天子曰不可,宰相曰可,天子曰然,宰相曰不然,坐乎庙堂之上,与天子相可否者,宰相也。天子曰是,谏官曰非,天子曰必行,谏官曰必不可行,立殿陛之前与天子争是非者,谏官也。宰相尊,行其道;谏官卑,行其言。言行,道亦行也。九卿、百司、郡县之吏守一职者,任一职之责,宰相、谏官系天下之事,亦任天下之责。

……

——《上范司谏书》

洋洋洒洒的长文,纵横捭阖的理论,中肯而旷达,范仲淹看后非常感动,遂与小他十八岁的欧阳修,成为遥遥相望的神交之友。为此,欧阳修也就无法避开那场喧嚣一时的朋党之争了。

馆阁校勘实在是一个清闲之职,欧阳修也更有时间去追寻韩愈,致力散文创作。并力求以事实为机要,注重道的实践性,知古求新,强调文章对社会积极教化的重要性。范仲淹曾说:

国之文章,应于风化;风化厚薄,见乎文章。

欧阳修非常赞同,并在《与张秀才第二书》中写道:

君子之于学也务于道,为道必求知古。知古明道,而履之以身,施之于身,而又见乎于文章而发之,以信后世。

这样的观点,让我想起当下对国学的力推,当也是教化风化,"以信后世"的盛世之媒介,不可潦草,不然会有风化淡薄之危机。

新朋友多亲近，老友不相忘，这才见人心。欧阳修情重义重，总以此要求自己。他与石介为同科学友，虽无太多交往，但却印象不坏。有一天他在好友王拱辰家，看到了石介的文章，让他大为吃惊的是，其文字大异于以往，字体怪异难认，字义晦涩难懂。揣摩了好久，才读懂了只言片语。欧阳修感觉石介在求新的路上已经偏离了正途，遂写信婉转相告，希望他不要误入歧路：

> 近于京师频得足下所为文，读之甚善。其好古闵世之意，皆公操自得于古人，不待修之赞也。然有自许太高，诋时太过，其论若未深究其源者，此事有本末，不可卒然语，须相见乃能尽。然有一事，今详而说，此计公操可朝闻而暮改者，试先陈之。贶家有足下手作书一通，及有二像记石本。始见之，骇然不可识；徐而视定，辨其点画，乃可渐通。吁，何怪之甚也！
> ——《与石推官第一书》节选

朋友的文章很让人赞赏，以古为鉴，倡导当下也是我喜欢的，只是你的书写让我非常惊讶，顺着笔画一点一点地琢磨，才能稍懂。唉，创新可以，决不可走如此怪诞之路。

> 修闻君子之于学，是而已，不闻为异也，好学莫如扬雄，亦曰如此。然古之人或有称独行而高世者，考其行，亦不过乎君子，但与世之庸人不合尔。行非异世，盖人不及而反弃之，举世斥以为异者欤。及其过，圣人犹欲就之于中庸。况今书前不师乎古，后不足以为来者法。虽天下皆好之，犹不可为。况天下皆非之，乃独为之，何也？是果好异以取高欤？然向谓公操能使人誉者，岂其履中道、秉常德而然欤，抑亦昂然自异以惊世人而得之欤？古之教童子者，立必正，听不倾，常视之毋诳，勤谨乎其始，惟恐其见异而惑也。今足下端然居乎学舍，以教人为师，而反率然以自异，

顾学者何所法哉？不幸学者皆从而效之，足下又果为独异乎！今不急止，则惧他日有责后生之好怪者，推其事，罪以奉归，此修所以为忧而敢告也，惟幸察之。

——《与石推官第一书》节选

  求真创新，是君子应有的求学思想。但纵观古今，看看那些不同常人的君子，都有一定的规范，只是与一些庸人意见相左而已。所以太过奇异非是君子所为。圣人倡导中庸决不是无缘无故的。你的书法不以古为师，也不会有后人习学。天下人都认为不好，你却刻意为之，这是为什么？这样很可能误导一些初入文坛的青年学子，实在是不可取的，望您沉思细察。

  这话说得入情入理，相当坦诚，但石介听罢很不以为然，立即回信反驳欧阳修。欧阳修以为石介没明白他的良苦用心，实在不希望他在这条怪异的路上渐行渐远，也就再次写信好言相劝，希望他迷途知返，但石介毫不领情，甚至认为欧阳修对他这种独异天下的书法持有妒忌之意。欧阳修见石介如此固执，很是痛心，为没能说服他而难过。虽然学术上有所争论，但并没有影响两人的关系，甚至私交尚可。后来石介被朝廷大臣杜衍推荐为御史台主簿，但因上书得罪了皇帝，没有到任就被弃用。欧阳修认为石介的言论并无过失，这般"正直、刚明"的良臣，如此被弃实在不应该，于是为其奔走呼号。甚至直指举荐石介的杜衍，不应该如此屈从于皇帝，无原则，无大义。而杜衍，却也并没有因为欧阳修冲撞于他而心生嫌隙，反而更加喜欢这个有才华、有胆气的后生小辈了。

  欧阳修坦诚待人，直言是非，从不在意你是位高权重的高官，还是普通小吏，都以对错论是非，亲朋好友更不姑息。这在一些人看来，是不近人情的，于是在日后的起伏中惹出了一些怨言。

  我辈人等，同与花草树木沐浴云雨，呼吸日月，立于自然，也就在于自然。

山高有云绕，月明星见稀，观读这些自然，似乎又能悟出一些哲理。

凡俗之人，均有油盐之乱，侧身朝堂之下的欧阳修有国事之忧，也有家事之扰。正当他在国家事业的路上努力攀登时，一个不幸的消息传来，妹夫张龟正在襄城病故。想到妹妹无依无靠，欧阳修就和母亲商量将她接到京城同住。妹妹没有生养，但张龟正的前妻留有一个女儿。欧阳修觉得这样一个七岁的孩子，实在没法自己生活，也将她一同接了回来。于是家里又多了几个人，欧阳夫人杨氏毕竟是出身贵族家门，一时无法承受这多的忙乱，慢慢就病倒了。景祐二年，成婚后只有九个月余，杨氏病故了，也没有给欧阳修留下一儿半女。欧阳修身体本就弱于常人，加上诸多蹉跎，再因妻子突然去世，也倒在了病床上，一倒就是几十天。

在宋朝的这段烟雨中，范仲淹与欧阳修心性大有相同，常以低微之身，谏言天下大事。因此，范仲淹也是沉浮不定。景祐三年（1036），回到京城的他依然是雷厉风行，以一个小小文学侍从的身份，时时议论朝中大事，对各部工作也时常发表意见，惹得宰相吕夷简及时任纠察在京刑狱之职的胥偃等人大为不满。胥偃甚至奏谏仁宗皇帝，要求将范仲淹再次贬斥出京。欧阳修深明大义，直言权不论大小，为国家相谋者即为贤臣，立场坚定地支持范仲淹。胥偃失望至极，视欧阳修为情淡义寡之人，开始冷落他。

时光匆忙，不会为何人何事停留脚步，很快就到了正月十五，街上彩灯满挂。去年的美景好似还在眼前，如今却是独对花灯。匆匆太匆匆，甚至连来世的一句承诺也没有，相爱的人就阴阳两隔。欧阳修不觉悲意渐涌，挥笔写道：

去年元夜时，花市灯如昼。月上柳梢头，人约黄昏后。

今年元夜时，月与灯依旧。不见去年人，泪满春衫袖。

——《生查子·元夕》

这段时间，政事纷纭，欧阳修少有诗词，多是语句激昂的书谏。有人说，政治无诗，看来不是谬言。而这首《生查子·元夕》，写于春节刚过的短短闲暇里，是欧阳修触景生情的真心文字。"月上柳梢头，人约黄昏后"成了千古佳句也是必然，只是我们更多的时候只读的是浪漫，少悟的是真实的感伤。

此时的欧阳修，心性逐渐成熟，早已不再坠于小我情怀，立志于国家之道，倡导民本思想，固江山，图繁荣。这时的范仲淹也非常活跃，力求朝廷惩治腐败，并做百官图，一一指出他们升迁中的正邪、公私之路数。吕夷简在朝中高位日久，许多官员都与他有根须之连带，私礼之事不必多言。范仲淹此举意指自明，吕夷简怒不可遏，斥责范仲淹勾结朋党，以莫须有的事扰乱视听，离间君臣，并以辞职之怒要挟皇帝。吕夷简毕竟是国之重臣，宋仁宗多有依赖，思量左右，只好再次将范仲淹贬出汴梁。

尹洙等人与范仲淹政见相同，主动请求皇上以朋党之罪处治。紧接着，又有多人以同罪被贬。而此时的左司谏高若讷，本应以公正之心谏劝皇帝，可他不但不行其责，竟然还背后嘲讽范仲淹，说其罪有应得。欧阳修闻知，大为愤慨，写下了义正辞严的《与高司谏书》。文中，质问高若讷为何不行谏议之责，却在背后非议他人？是为不仁不义，就你这种人，悖于正义，还堂皇出入朝堂，难道不知道有耻辱二字吗？你若认为范仲淹理应当贬黜，那么就可以拿着这封信告诉皇帝，我也是他的朋党。

欧阳修这般陈词激昂的冷嘲热讽，高若讷看后果然暴跳如雷，立即报告朝廷，请以朋党之罪治于欧阳修。于是，欧阳修亦被贬出京都，放逐荒城。

朋党之灾，我常常叹谓，泾渭分明的原本，总有南辕北辙的结局，不知该是谁的悲哀？掩卷之余，我又有了别一种感慨，纵是世间多么卓越的人物，也难以一一优雅地穿过每个人的灵魂。惹是非，着黑白，也是岁月的一部分。倒是委屈了历史，多一些周折，费一些思量。

江月开清辉

人生长途漫漫，曲折自然无数。平素里清风朗月诗酒花，每遇坎坷，坦然面对风雨的能有几人？就是那些伟岸人物，也多有蹉跎。其实也不必叹，波澜壮阔是因为海大，云雾缭绕是因为山峻。若能容得下风浪万千，也就有了海样胸怀，若是淡了云烟的纠葛，也成了高山的峻秀。

一杯水的自在只是偏安一隅的小情调，太过私我。欧阳修早已不是这心思，再遇这朋党之祸，全然没了凄惶。乘了船驶离汴京，竟然无风起大浪，一家人差点儿遭遇水灾灭顶，仍只将平安报送亲朋。一路向远，水恶山穷，却只说诗情画意。多年砥砺，欧阳修果然渐生风骨。

此次贬往的夷陵，地处荒僻，陆路曲折险峻，难行车马，水路虽然绕远三五倍路程，总算能走，正逢夏季，倒也消暑方便。水陆漫长飘摇，船只又小，实在苦不堪言，好在停靠之时，闻讯的学生多来拜见，尚有好友寄来的一封封书信，正好解一路的苦闷。那一日，船驶进了一段宽阔的水道，航行平稳，欧阳修又拿出些书信来读。那是梅尧臣的一首诗，虽然不长，却满是叮嘱与劝慰：

共在西都日，居常慷慨言，
今婴明主怒，直雪谏臣冤。

> 谪向蛮荆去，行当雾雨繁。
> 黄牛三峡近，切莫听愁猿。
> ——梅尧臣《闻欧阳永叔谪夷陵》

欧阳修看罢，轻轻一笑，既然有忠心报国之志，又怎么在乎一起一伏的折磨呢。只是这些天他一直在思考，应该以怎样的方式应对这恶劣的环境？历史的烟雨中被贬至荒地的人数不胜数，但少有志向不减的，多发悲叹之声，这不仅是精神的自我伤害，也是对自己身体的慢慢摧残。在朋友的鼓励和自我的思索下，欧阳修立志要做得比前人更好。因为他明白，此次失利，是败于时，败于势，而非败于道。只要自己努力，信心还在，哪里都是报国的地方。

船到达楚州的时候，忽遇狂风大雨，还夹有冰雹，只好抛锚停船。恰好遇到了早些日子被贬的余靖，两人非常激动，温酒布菜，相谈甚欢，并相互鼓劲，无论境遇多么险恶，都还要保持一颗光明磊落的心。楚州，欧阳修只算是一个过客，在这里欧阳修过了他的三十岁生日。"三十而立"，不该再草率人生，当以更昂扬的步调为家国出力。楚州，成了他生命中一个重要的驿站，再扬鞭的有力驱动。

有些匆匆，却不是浮光掠影。一如汉阳，开导蒙昧的应该有；一城如洛阳，熔炼铸造的应该有；一城如楚州，点拨迷津的，也应该有。

逗留几日，终要相别，正待解缆，又遇到了对欧阳修崇拜至极的一位商人，知是同路，便热情地相邀同船而行。船大，平稳，缓解了母亲的苦楚，欧阳修自然高兴，也有心情欣赏远近的风景了，不觉得时日长短。一转眼，离开京城有好几个月了，两岸的景色已是秋色起伏。黄点点，红点点，数不尽的落叶逐水而飘，擦着船舷退去。天空中，雁鸣声声，一排排向远而飞。在伤感的人眼里，这是一次背井离乡的放逐；在欧阳修这样志存高远的人眼里，此景此情此心，权当是一次梦想的追寻。

欧阳修正在遐想，突然，一支冷箭不知从哪里飞了出来，直射雁阵。雁阵先一零乱，马上又恢复了齐整，继续向远高飞。欧阳修忽然心生感慨，那些肖小之徒，又能奈我何？立即挥笔写道：

云间征雁水间栖，缯缴方多羽翼微。
岁晚江湖同是客，莫辞伴我更南飞。
——《江行赠雁》

到达岳阳的时候，竟然有夷陵县派来迎接的官吏，并且出乎意料地带来了一位好朋友的来信，这让欧阳修的心情大好。晚上，船靠在岳阳城外的码头上。当时，月明如梦境，水烟如幻界，钟声从城中悠扬地传过来，空灵而宁静，这让欧阳修站在船头不由得唱吟起来：

卧闻岳阳城里钟，系舟岳阳城下树。
正见空江明月来，云水苍茫失江路。
夜深江月弄清辉，水上人歌月下归。
一阕声长听不尽，轻舟短楫去如飞。
——《夜泊岳阳》

稍事休整，又出发了。一句"去如飞"，是一时高兴的诗情，毕竟有那么多的急流险滩，漩涡峡谷，他们的船实在是快不了的。一叶小船，倏忽于浪涛之巅，倏忽于暗流之中。一家人的心随着小船的起伏，遭受了无数的惊吓，脸色也是变来变去。欧阳修看着年事已高的母亲跟着自己担惊受怕，心里很是难过，却又不知该说些什么，只好拿出本书来，时不时地读上几页。那天，他又读起了《李翱文集》。早在洛阳的时候，欧阳修就常读李翱的文章，虽然对他的作品并不怎么喜欢。可毕竟李翱是他最喜爱的前朝文章大家韩愈的学生，读李翱，对感知韩愈也会有帮助的。《幽怀赋》本来是读过的，可他再翻到这里的时候，也不知道是涛声的震荡，还是水光的映照，仿佛船一下子冲出峡谷，忽然就江宽水阔的感觉：

众嚣嚣而杂处兮，咸嗟老而羞卑。视予心之不然兮，虑行道之犹非。倪中怀之自得兮，终老死其何悲？昔孔门之多贤兮，惟回也为庶几。超群情以独去兮，指圣域而高追。固箪食与瓢饮兮，宁服轻而驾肥？望若人其如何兮，惭吾德之纤微。

在这"夷陵此去三千里"的路上，在这风雨飘摇的小船里，欧阳修一下子就懂了当时李翱那颗忧国忧世的心是何等的孤苦，于纷乱之中不以个人悲喜为要的拳拳情怀，其境界之高甚至高过韩愈。他为曾经误读李翱的文字深感羞愧。

千里水路迢迢，苦也苦了，难也难了。可有水在，自生智。欧阳修的心里渐渐清辉照耀，家国之爱，更厚重，更坚决，更韧长。

携酒问邻翁

酒，男人的最爱，一壶一杯，更是诗人的倾情。有酒有佳句，有酒有华章。"醉翁"爱酒，一生品味酒中峥嵘，愈醉愈醒愈高远。初仕洛阳，诗酒相欢，那时的欧阳修，看到的不过是杯盏中的浮光掠影。夷陵再醉，却懂了壶中的沉郁顿挫。洛阳，若说是欧阳修的一城自在；夷陵，却是欧阳修的遍地思想。

经过110天的水陆艰辛，欧阳修一家人于景祐三年（1036）十月二十六日到达夷陵。

"山至此为陵，水至此为夷。"这两句古语，似乎告诉人们，夷陵是一个不错的风水宝地。可在初到夷陵的欧阳修眼里，却只是一声叹息："寄信无秋雁，思归望斗杓。"想捎个信都没有大雁来送，要想离开却只能绝望地看着星星发呆。的确，那时的夷陵，实在太荒僻了，四周山水相恶，出入无路。不然也不会成为皇帝发配罪责之人的地方。

一路飘摇，欧阳修对夷陵有过千万种想象，但这里的贫穷、肮脏还是大大出乎他的意料。"州居无郭郛，通衢不能容车马，市无百货之列，而鲍鱼之肆不可入，虽邦君之过市，必常下乘，掩鼻以疾趋。"（语出《夷陵县至喜堂记》）欧阳修有些后悔，多少诗文中都表达对洛阳的想念，"须知千里梦，长绕洛川桥。"（《初至夷陵答苏子美见寄》）而更让他心寒的是，这里的百姓愚昧无知，对于就任的官员，他们认为不是罪身就是无能，从无敬重礼遇之事，甚至极尽嘲讽。

好在母亲郑氏，时时安慰欧阳修，说：咱家向来清贫，什么样的罪没遭过？什么样的白眼没受过？只要心坦然，苦，就是甜。

令欧阳修心暖的，还有时任峡州知州的朱庆基，他对欧阳修早就有所耳闻，也钦佩他的为人处世，视他为故人，不光为其准备了接风的酒菜。在知道欧阳修尚无合适的地方栖身时，特意命人在夷陵县衙东侧为他一家人修建了一所新房子，并将房子命名为"至喜堂"，意思是"既来之，则安之"。

人生处处，心安，即无风雨。

欧阳修的失望是短暂的，本就和好友相约，不管身处何地，力求上进，绝不委靡。他打起精神，踏遍夷陵。经过寻街访民，叩山问水，渐渐喜欢上了这方幽深的小城。他发现这里虽然是古夷陵之战的兵戎之地，却毫无兵戈之气，民风相当淳厚，少有强盗作恶。而且既有鱼米可餐，还有"橘柚茶笋四时之味"。再细看左右的山水，自有情趣，别样秀美。但是，他翻看县衙的卷宗时，却发现了许多问题。因为这里文化比较滞后，百姓几无法规常识，以至于出现了许多冤假错案，有的甚至是黑白颠倒，一些官员知法犯法，乘机大收不义之财。夷陵虽小，却可感知天下之大丑恶。欧阳修深感痛心，决定以小小夷陵令之力，安一方山水，福一方百姓。于是，他制定了新的法规，对于贪赃枉法之徒，必将严惩。

早年的几任官员，多为敷衍，欧阳修稍加认真，吏治之事，随即立竿见影，大有好转。

城无欢事，家无好酒，尽管是州县同治之地，夷陵依然极为冷清。政务之余，欧阳修也就出游近处的山水，以免让自己沉于伤感，迷于怀恋。于树木花草之间，波光水影之中寻找到对这方土地新的感觉。放眼望，谷生佳木，崖开奇花；山现云雾之曼妙，水映日月之潋艳。行走间，移一步，有幽古亭台；走一遭，有无数鸟兽。真是胜景处处。

夷陵山中，有很多的黄杨木，生命力极为强盛，虽然无人关注，却依然昂扬地默默生长着。这让欧阳修顿时感慨连连："负劲节以谁赏，抱孤心而谁识？……节既晚而愈茂，岁已寒而不易。"(《黄杨树子赋》)这种荣辱不坠志、寂寞不失品的精神，深深打动了欧阳修，更坚定了他开拓人生的决心。

夷陵，原来是，初识为蛮荒满眼，细品却是情趣满心。不知不觉，欧阳修渐渐爱上了这方山水。

俯仰人生，无意，皆寂寞；用心，美好满四方。

独行，多得苦思，同行，更知五彩缤纷。欧阳修也就常约了好友出行，以对这里的风土人文有更全面的认识。峡州知州朱庆基是他的新朋，军事判官丁宝臣是他的老友，而州府推官朱处仁也在丁宝臣的介绍下成为又一位知心。三两相伴，问山听水，寻古访幽，特别是那些岁月远方的史事狼烟，民间深处的风俗传说，更让他们欢心追寻。

夷陵之游，不似洛阳单纯的花草相欢，那般诗与远方的风花雪月，这里让欧阳修更懂了民心的悲欢，历史的起伏，岁月的峰峦。起笔落墨再不是那时的清浅薄明，一字一句尽显厚重辽远。

入乡俚，才能知风俗，知风俗，才能解民心，解民心，方能正仕途。

欧阳修常常到街巷里转转，到村寨里走走。那些对他原本轻薄的百姓，从他的施政、立法、办案、为人中，渐渐知道了他是一个好官，都特别愿意和他交流。立街头，坐田尾，欧阳修时时用细心倾听的方式深入地体察这座小城。只是乡亲们少有文化，说的多是只言片语，很是潦草。听百姓们说，城中有一个年事很高的老人，对这里的旧闻遗事、民俗古风知道的最多。欧阳修特别高兴，就想登门求教。只是此人简于出行，低调行事，素来不与权贵打交道，大家都叫他何处士，却不知道他的真实姓名和地址。欧阳修多方打听，也没得到准信。那一天天色渐晚，欧阳修闷闷地往回走，快到家的时候，一个正收摊的卖鱼老妇对他说："听说你一直打听什么何处士？啥处士啊，不就是住在你们县衙西边的那个老头吗？"

欧阳修喜出往外，急忙回家提了一壶好酒。

门是木门，半敞半关；墙是矮墙，半土半砖，院子不大，却柴归柴，草归草，井然有序。映门是五七野花，掩窗有八九淡竹。说雅，却没有诗文之气；说野，又不闻鸡犬之声。欧阳修心生欢喜，恍然有回到洛阳的感觉，稍稍定了定神，叩响了门板。出来的老人，一头的白发，稍显散乱。那人见欧阳修虽然布衣青衫的打扮，却不像普通百姓，老人脸色肃然，好似不悦。知欧阳修是新上任不久的县令，脸色却一下子和缓了，将他迎进了屋内。

最初的交流并不太畅快，欧阳修问一句，老人答一句或是半句的，特有距离感。欧阳修不是假惺惺地问疾苦冷暖，只问婚退宜忌，节日缘由典故，再加上好酒的滋润，渐渐地，却似爷孙夜话了。

草屋、昏灯、破桌、旧椅，酒是好酒，却是粗碗两只，倒也喝得欢声笑语。从此，这位叫何参的老人，与欧阳修成了无话不谈的忘年交：

西邻有高士，辘轳卧蓬茅。
鹤发善高谈，鲐背更炙熨。
披裘屡相就，束缊亦时乞。
传经伏生老，爱酒杨雄吃。
晨灰暖余杯，夜火爆山栗。
无言两忘形，相对或终日。
——《新营小斋凿地炉辄成五言三十七韵》

夷陵，传古有春秋古墓，后有秦楚的刀兵相见，再有动了蜀国气脉的吴蜀之战，具有很深的历史纵横，林林总总的掌故传说。欧阳修一边了解，一边记下，若有不通不解的疑问，哪怕是夜里，也会披了衣服，穿过县衙，去求问何参老人：

> 荆楚先贤多胜迹，不辞携酒问邻翁。
>
> ——《夷陵岁暮书事呈元珍表臣》

问的自在，答的舒心。欧阳修不再是游离于夷陵之外的诗词之心，真正成为了这方水土的草木之身。谁能想到这片曾经让他失望，甚至心生厌恶的土地，却是这般人城相宜，就像洛阳城与牡丹的两相宜。

坡上见峡州

登高望远，多为文人情怀。在乎山水，自有旷达的心胸。一山、一水，甚至一城，当你用立于高处的眼光俯瞰，却总得仰视的感动。"庐陵事业起夷陵，眼界原从阅历增。"正如清人袁枚在《随园诗话》中所言，欧阳修的成就，夷陵的砥砺是至关重要的，可以说是夷陵成就了欧阳公。但我们从另一个层面来想，何尝不是欧阳修的到来，一下子让荒蛮的夷陵有了丰厚的文化历史底蕴。纵观夷陵2200年的岁月烟尘，欧阳修与这片土地是最顶配的人文景观，无人超越。

洛阳初入仕途，欧阳修只得了一个偏于文墨的闲职。而于夷陵，他成了实实在在印掌一方的县令，如果他也如前任的官吏那般敷衍潦草，那也只是一个匆匆过客，最多也不过像露湿房瓦。可他来了，躬身于民间，扎根于泥土，所以他快速地成长，才有了超拔的思想来看他的夷陵，看百姓的峡州。

他来了，他走了，留下了140多篇有关夷陵的诗文和一件件人文趣事，让无数后人纷至沓来，追寻，朝拜。他来了，他就再没走。

朱庆基是早一步到达的，因为峡州的府衙就在夷陵，注定与欧阳修有众多的交集。所以，这里是朱庆基的峡州城，这里是欧阳修的夷陵县。朱庆基是一个好官，景祐二年到任峡州知州后，对这个肮脏丑陋的小城进行了相应的改造，纠正着民间的恶风陋习。让很多人不解的是，作为一个知州，却令人好好修缮他管属的夷陵县衙。周围的人多有惊讶。原本朱庆基也惊讶了，欧阳修竟然要来夷陵！一个才华横溢，名动京城的馆阁竟然来夷陵，来到他的峡州。不，在那个帝王令动江山的古旧时代，哪怕再响亮的一个人物贬斥到荒凉之地，也不会让谁有多少惊讶的。

朱庆基惊讶的，是自己的那个梦。朱知州对于这个小城的修整，原来是不包括夷陵县衙的，虽然那属于他的治下，可毕竟还有其他的县府。如果他偏向于一地，难免在管理上会遭人诟病。可就在那天夜里，朱庆基在睡梦之中忽然感觉有一个差吏样的人飘然而来，说是城隍爷要他来传口书，令朱庆基立即修缮破烂不堪的夷陵县衙。说完，飘然而去。修整县衙本不在计划之内，更因为对旧城的改造，资金已经空前紧张，所以朱庆基也就没有放在心上。谁知，接连三日同梦入夜，这让他大为惊讶。急忙命时任的老县令，对县衙进行了全面的维修。等他接到欧阳修贬来夷陵的官文的时候，联想到那梦，感知到这位神交日久的老友，日后必将成为国之重臣，史篇中的堂皇人物。他便亲率众人远赴长江岸边迎接，于是，就有了官场间难得一见的"知州迎县令"的佳话。而日后的相处，他对欧阳修也是亲和有加。

我们没必要追问梦的虚实，其实正是由于朱庆基热心相待，才有了欧阳修的放手夷陵，才有了他吏治的顺畅、生活的自在。比如说他日后调于乾德，就因与知军关系不睦，而备感郁闷。朱庆基之于峡州的欧阳修，也就像欧阳修在洛阳时的钱惟演，虽然没有那么重要的引领，也有异曲同工之功。

作为故交好友，丁宝臣对于欧阳修的到来是矛盾的，既高兴，又悲哀。高兴的是可以同这样才冠九州的人多有亲近。悲哀的是，中正直谏，胸怀天下的人却常遭劫难。他与欧阳修，多有相约，或同游山水，或共览古迹，或齐查民情。他，也有一梦，这一梦，也成了夷陵人古今相传的人文趣事。那其实是一个平常的相约，两人一同去城西九十里外的黄牛峡游玩，那里有个叫黄牛祠的古庙。这样的地方欧阳修是不会错过的，不想，刚进庙门，丁宝臣的一声尖叫惊住了欧阳修。原来早在景祐元年，丁宝臣曾经做过一个梦，他和欧阳修一同参拜庙神的时候，欧阳修竟然站于下位。那时，丁宝臣刚刚考中进士，不管从哪方面来说，他都应该站在下位，是故他就一再推让，可欧阳修却坚持不肯调换位次。而二人行礼时，神像却忽然起身向堂下行礼，并邀欧阳修就坐堂上。等他俩走出庙门的时候，发现门口的石马竟然只有一只耳朵。丁宝臣觉得这梦非常荒诞，也就和欧阳修说了，并反复地琢磨梦的含义。如今，他们看到庙中的陈设与梦中完全相同，门口的石马果然有一匹只有一只耳朵。而这时候，丁宝臣是州府推官，欧阳修为夷陵县令，官位自在其下。两年前，丁宝臣初入仕，是不知道皇帝会将其派任哪里的，而那时的欧阳修位在馆阁，前途无可限量，谁会料到罢贬夷陵呢？梦中之虚，却成眼前之实，着实让人惊讶。

夷陵，绝不是欧阳修的梦想之地，却有了这一梦再梦的传奇。

洛阳，是欧阳修有梦的诗意年华，他用恣意的行草写在片片花瓣上，飘摇在伊水涟漪中，波光里。回望青青水，已不见流年碎影。洛阳，无梦。再回望夷陵，水之湄，山之巅，城之近，村之远，足迹处处是。沉下心来的欧阳修，实实在在地将梦筑在了峡州。他懂了，梦不是天上云月之影，花间蜂蝶之舞。梦，其实就是一个一个踩在泥土上的脚印，就是一声一声叩响石板的步履。欧阳修在这里触摸历史，叩问先贤，激振民心。大梦，夷陵。

千年，似乎很遥远，遥远得淹没了一座又一座王城，而小小的夷陵却在，夜里依然会有那一窗灯光，映照一方山水，温暖一片民心。

放逐远山，却得壮阔胸怀，身陷囹圄，更知江山之大。欧阳修虽然也偶有"春风疑不到天涯，二月山城不见花"小小的感叹，而更多的时候，却是"曾是洛阳花下客，野芳虽晚莫须嗟"的积极向上的心境。在夷陵的时日并不算太久，在勤于政务之余，欧阳修不仅创作了大量的诗文，充盈了他的《居士集》，还写下了大量极有价值的学术性文章，对《易经》《诗经》《春秋》提出了挑战传统权威的质疑，为"新儒学"的形成拨云驱雾。而对于《新五代史》的重新编纂，以及与尹洙合作对《十国志》的继续撰写，都足以震荡史册。

夷陵看似一个困局，却成就宏图峡州。

"奇花初胎，矞矞皇皇；干将发硎，有作其芒；天戴其苍，地履其黄；"在这里，我不得不想起《少年中国说》中的句子。如果说欧阳修早就展示出了异于常人的才华，而经过夷陵风雨磨砺的他，已经大显光芒，名声日盛。

夷陵的日子，没有笙歌之乐，没有酒宴之欢，偶有与远亲近朋一诗一词的相和，与新友邻翁一壶一杯的小饮，都是那么简单。更多的时候，欧阳修都是在忙碌之中，勤于政务，研于学术，也就无暇顾及儿女情长。翻看那段烟雨，真的就不见风花雪月之词。

说来胥氏去世日久，而欧阳修再婚的夫人杨氏也病故两年了，母亲郑氏看着儿子日夜劳碌，却无人悉心照顾左右，自是疼在心里，饭前饭后，也多在欧阳修面前流露出让他再续一室的口风。欧阳修三十正壮，自然偶有所想，只是这里山高水长，谁愿意将女儿嫁得如此偏远？他也就朝母亲笑笑，算作回答。

"春风疑不到天涯"，那只是一句疑问，却不是肯定。这不是吗，春风，果然来了。

那天，欧阳修忽然收到好友薛仲儒的来信，说是他的伯母愿意将女儿嫁给欧阳修，问他是否有意。薛仲儒，是已故参知政事薛奎的侄儿。景祐元年闰六月，欧阳修入位馆阁，当时薛奎还健在，就有心将家中的四女儿许配给欧阳修。那时欧阳修担心这生于相门的小姐骄纵奢狂，希望了解一下再说。不想薛奎不久病故，薛家一家人将薛奎的灵柩带回了许州老家安葬。为父亲守孝的这位薛家四小姐，也就错过了这段婚事。为此，薛家人时感遗憾。现在，薛小姐守孝期已过，而欧阳修的第二任夫人也去世了两年之久，薛夫人再次和侄儿薛仲儒说起了欧阳修。此时，欧阳修虽然只是一个小小的贬官，身在荒蛮之地，但名声在外，日后必成国之栋梁，薛仲儒心想，妹妹若是嫁于他，必是大福。更何况欧阳修是自己的知心好友，薛仲儒自是高兴异常，急忙飞书到夷陵，重提旧事。

缘就是这样，你以为错过了，落花成伤，再相遇，却是惊喜的结果。

曾经错过，不想再相负。欧阳修在母亲的一再催促下，很快就奔赴了许州。时年八月，与薛家四小姐完婚后，就决定在八月回归夷陵。去时，走的水路，因为太过遥远，耽搁了许多的日子。回来也就改走陆路，不想尽是荒山野岭，多有断崖峭壁，时有野兽出没：

　　岐江望平陆，百里千余岭。
　　萧条断烟火，莽苍无人境。
　　峰峦互前后，南北失壬丙。
　　天秋云愈高，木落岁方冷。
　　水涉愁蜮射，林行忧虎猛。
　　万刃悬岩崖，一彴履枯梗。
　　——《自岐江山行至平陆驿五言二十四韵》

一路翻山越岭，好不艰辛。对于薛夫人来说，这般的凶险路途，实在没有经历过，难免心中时有忐忑。可她看着身边的丈夫，也就坚强了不少，没有一丝悔言，毫无半句苦语。其实早在京城的时候，她就读过不少欧阳修的诗词，更从父母的口中得知这是一个品德高尚的才子。父亲突然病故，错过了京城的牵手，她心里也隐隐有疼。不想别过千日，竟然能共描鸳鸯。她，坚信了这个缘。

心中有爱，怎样的山高水长、千难万险，也都成了轻松的咫尺之近。经过一个多月的跋涉，终于走完了这段艰难之旅，转过最后一个山坡，欧阳修指着前面隐隐的小城，对薛夫人说，那就是咱的夷陵，那就是咱的峡州：

　　闻说夷陵人为愁，共言迁客不堪游。
　　崎岖几日山行倦，却喜坡头见峡州。
　　——《望坡州》

一座山有一座山的味道，一抹水有一抹水的风情。欧阳修"喜见"这峡州，是因为他懂了这座城，他爱了这座城。在这里他实实在在地知了民心，懂了国谋，明了历史，解了前贤，在他博大的胸怀里，自有美的夷陵，更何况还携美人归。

薛夫人在丈夫的"喜见"里，心，安然了，也心生"喜见"。只要有爱的人相伴，多么山穷水恶的所在，都有家的温暖。

爱了一座城，缘了一个人。果然是，想曾经，我别了老家的山水，与爱人颠沛流离南北，路遇一座小巧的城，她说：她喜欢。放下唯一的背包，放下唯一的书卷。从此油盐生香，爱了这座城。从那时芳华少年，到如今华发渐生，再没奢望过远山近水。于小小的阳台上，栽花养草读文字，剪阳光成趣，数月光为欢，偶饮几杯酒，小醉。

自然，我没欧阳修的大欢爱，我只有我的小奢靡，在自在里读他的大欢爱，读北宋的山水，他的一座座城，也是我的小悠闲。

零落风前乱

在夷陵的日子，初时满是灰尘，如今是窗明几净。身边有贤妻，堂上有慈母，而心中有拯救世道人心的志向，更有振兴文化的理想。欧阳修如轻舟击水，扬帆春风，在各个方向都日见进益。

夷陵，他的浴火之地，涅槃之城。一个更自信、更坚韧，具有世道担当的欧阳修披坚执锐而来。京城，已不遥远。

景祐五年二月，欧阳修突然接到朝廷的诏令，调往京城之侧的乾德县。此时的夷陵，正是万物竞发的时节，花开芬芳，叶展清明。此时出发，也必定预示着前程向上，日渐发达。一家人自是欢天喜地。

其实此次恩赦，并不是出于皇帝的公心，更多的是因为他赵家的江山之私。早在年前，杭州突遭台风，再有越州洪水泛滥。接着汴梁发生地震，而后定襄阳又发强震，连续三日。一时间人心惶惶，世风混乱。直史馆叶清臣本就对范仲淹等人被贬一事很同情，也就乘机奏请皇帝，说接连不断的天灾，实为贬斥忠言直谏之士悖了天意，上苍动怒，以示惩戒。在那个时代，信奉神灵实为正常。宋仁宗因此就颁发圣旨，将范仲淹、余靖、欧阳修等一干人等，从穷荒之地，调任富庶州城，以示皇恩。

夷陵，短短的两年，这里虽然少有诗词之交，却有淳朴的乡邻，真情的朋友，让欧阳修越来越感亲近，如今别去，很是依依不舍。不要说那些山水，那有些逼仄的街道，那不够规正的房屋，都很有些可爱了。坐在船上，一路飘摇，恍如梦境，欧阳修仿佛依然置身于夷陵的山水之间。船过一个峡口的时候，一阵剧烈的摇晃，才猛然醒来，让他一声声叹息。此时正是春季，本是花繁叶茂，可在他的心中，却似那残红凋零：

> 经年迁谪厌荆蛮，惟有江山兴未阑。
> 醉里人归青草渡，梦中船下武牙滩。
> 野花零落风前乱，飞雨萧条江上寒。
> 荻笋鲥鱼方有味，恨无佳客共杯盘。
> ——《离峡州后回寄元珍表臣》

两岸的景色，或陡崖，或低岭，或长堤，或平野，参差交错，本是很可看的。欧阳修却无心，只是闷闷不乐地躺在船舱里。船到江陵的时候，他忽然想起哥哥是在这里的，急忙让船靠了码头。欧阳修虽然与哥哥同父异母，相差也有二十多岁，但感情甚笃，对其"不以洪洋为大，不以方丈为局"，"视富贵而不动，处卑困而浩然其心"的人生态度大为赞赏。江陵小住，与哥哥亲近了三天，虽然是难舍难离，终还是登舟道别。

乾德的生活欧阳修还是很期望的，毕竟这里较为富庶，交通相对比较发达，并与京城云烟相望。然而到达之后，才知道境况与想象的大相径庭。就文化层面来讲，比夷陵似乎更显荒漠，"官属无雅士""罕有学者，幸而有之，亦不足与讲论"。再加上与知军张询在吏事上意见多有相左，处处别扭，时时掣肘，欧阳修备感郁闷。原以为离了远山，日子向好，谁知竟然陷入泥沼般的困局，时时挣扎，不知不觉中，一次次回望夷陵，才发现那里诸般的好：

> 西陵山水天下佳，我昔谪官君所嗟。
> 官闲憔悴一病叟，县古潇洒如山家。
> 雪消深林自斸笋，人响空山随摘茶。
> 有时携酒探幽绝，往往上下穷烟霞。
> 岩荪绿缛软可藉，野卉青红春自华。
> 风余落蕊飞面旋，日暖山鸟鸣交加。
>
> ——《寄圣俞》

唉，只是这种醉入山水，痴在红绿的日子竟然不知道珍惜，是这样遥远地成为了一种追忆。夷陵，远了。

政治上无法施展，又没有熟识的人说些二三，好在乾德还有些古迹，欧阳修就独自闲逛在那些寺庙、牌坊、老宅院之间。更多的时候，寄情于书籍和古碑贴的研究之中。在这段日子里，欧阳修写了不少的学术文章，而且《十国志》《五代史记》的编撰工作也大有进展，另外金石方面小有收获。特别是那天，他在非常偏远的地方发现了一个具有极高研究价值的古碑，但因为年代久远，字迹漫漶，更因为文字生冷难懂，他只好拓了碑片，写信求教于京城的好友。这成了他《集古录》中重要的文献资料。

这年十一月，皇帝改年号为宝元。因为工作内外环境没有什么改善，欧阳修一直困于苦闷之中。更让他痛心的是，胥氏为他生的儿子，却突然染病夭折。原以为佳人远去，还有儿子可以聊慰思念之情，不想再生变故，这让欧阳修实在难以承受，多日里在痛苦之中难以自拔。转眼而至的春节，过得也了无情趣。

宝元二年（1039），也就是第二年早春，谢绛调任邓州，梅尧臣改任襄城。四月的时候，欧阳修接到梅尧臣的书信，说他俩已到邓州，希望欧阳修能来一聚。京城一别，三人竟然有五年不曾见面了，能有这样的机会，欧阳修自是欣喜若狂。

> 忆昔识君初，我少君方壮。
> 风期一相许，意气曾谁让。
> ……
> 一别各衰翁，相见问无恙。
> 交情宛如旧，欢意独能强。
> ……
> 幸陪主人贤，更值芳洲涨。
> 菱荷乱浮泛，水竹涵虚旷。
> 清风满谈席，明月临歌舫。
> 已见洛阳人，重闻画楼唱。
>
> ——《答梅圣俞寺丞见寄》

曾经是那样意气风发，再相见竟然是满脸满身的沧桑，只是兄弟之情没变，见面成欢的心情还在。泛舟水上，近有初荷伸手可及，岸有翠竹绿荫正新。清风徐徐拂过举杯欢言的他们，不知不觉已是明月新起，银波点点复点点，梦一样炫心，来吧，唱一首洛阳时常唱的曲子吧，再一起重回花开之地。

"文酒聊相欢"的洛阳老友，酒，有了，文，自然不能少。他们一边聊着这几年读书写作的心得，一边拿出自己的诗文来，彼此交流，尤其是欧阳修带来的几篇文章，让两位好友大吃一惊，感叹他在那么困苦的境况下，能写出这么多这么好的作品来，实属不易。梅尧臣更是赞他大有陶渊明的风骨，立清寒而傲然于世，处荒野却不失劲节。

相聚相欢总是时光太匆匆，转眼竟然十日有余。他们三人知道，现在不比洛阳那时，当下各任一方，担当在身，虽是万分不舍，但还是要告别。

盛夏时节，暑气如蒸，这时，却有一缕清风样的消息吹到了乾德，欧阳修被任命为复镇南军节度掌书记、滑州判官。这对于欧阳修来说，实在是一个大好的消息，乾德于他，实在是心灵的不毛之地，他恨不得马上逃离。等接到任命，欧阳修立即将早已收拾停当的行李带上，策马而去。

洛阳相忆，夷陵相念，想欧阳修本是柔软之人，几处山水，多有思念。乾德，意有天德的地方，他却恨不曾来过，诗文中自是不见怀恋的只言片语。想来，真是伤了他的。人，真的不必大恨大仇，有时就一句话，就成生死相断的怨。

红尘里，声声说坦然，谁又能明了云翳在红尘呢？

因为前任还未离职，正好有一段闲暇，他又再次来到好友谢绛家中。两家相聚，更多了许多的热闹，堂上堂下，满是欢声笑语。这边呼谢家主，那边唤欧阳客，其乐融融，亲如一家。

在邓州，自是舒心，欧阳修深感遗憾的是梅尧臣不能前来，他叹道："但恨圣俞不在尔。"但让他更感遗憾的是，忽然收到胥偃在汴京去世的消息。虽然因种种原因，胥偃与他已经断了情分。但在欧阳修的心中，这位有知遇之恩的恩师，依然像父亲一样让他敬重。闻听噩耗，他不由得悲叹道："嗟夫，世俗之态，既不欲为；遇诚可守，又未克果。惟有望门长号，临柩一奠，亦又不及。此之为恨，何足道也！"

谢绛不是高官，没有丰厚的俸禄，但他向来是济贫救危、慷慨善良之人，陆陆续续收留了一大批亲朋故友家中无依无靠的孩子。欧阳修对于这位亦师亦友的兄弟更钦佩了，谢绛对家中这些孩子格外上心，教书识字，呵疼问暖。谁知，真是应了那句古语：好人不长寿。不久，谢绛突然重病，很快就去世了。昨天还是欢笑堂前的兄弟，今日却是素缟相祭，这让欧阳修十分痛心：

呜呼谢公！性明于诚，履蹈其方。其于死生，固已自达，而天下之士所以叹息而不已者，惜时之良。况于吾徒，师友之分，情亲义笃，其何可忘？

——《祭谢希深文》

谢绛的祖籍是浙江富阳，按理他也应归葬老家，但因他生前乐善好施，再供养着四十余口的大家，自是没有什么余财扶柩回乡。只好在当地薄置阴宅，葬于邓州略显冷清的西南山上。可叹一缕仁善之魂，望着烟雨江南，不知几时回归。

谢绛去世时才四十五岁，还在盛年，谢家上上下下，无法从谢绛去世的悲痛中恢复过来。欧阳修触景生情，也是唏嘘难过，再无心邓州，他决定到梅尧臣那里小住时日。

欧阳修一家人一路跋涉到达了襄城，梅尧臣早已在凛冽的寒风中等候在城外。想想与谢绛三人抵足而欢的时光尤在眼前，如今却已少一人。二人相见更觉伤怀，立时泪湿衣衫，泣不成声。

梅尧臣与谢绛既有挚友之情，又有内兄之亲，很是自责没能在公务中脱身去邓州送谢绛最后一程。他明白谢家日子本就清寒，今后必是更加艰难，决定每月资助些钱财。谢夫人知道他家也不丰足，自是死死不肯接受。梅尧臣见谢夫人如此坚决，只好作罢。日后也就常往来照顾，书信相慰。

康定元年，也就是1041年，西部边陲战火频仍，宋军接连败退，大片山河沦陷。欧阳修深深明白，此时的赵家江山，已非磐石一块，如不惩治腐败，变革朝政，怕是将在内忧外患中分崩离析。只是他官小位卑，不能直接建言献策于朝廷。好在皇帝终有醒悟，广开言路，起用贤臣，从而重用了韩琦、范仲淹等人。闻听范仲淹执掌边关要务，欧阳修激动得夜不能寐，他多希望自己也能立身疆场，除外患，雪败耻，效命国家。他接到范仲淹的飞马快信的时候，正在去京城的路上，因为皇帝已经复召他为馆阁校勘。欧阳修急急打开书信，没想到范仲淹只是召他到身边任一军中撰写文书之职。一腔生死疆场的热血，竟然得这一盆冷水浇泼。对于这样一个虚闲之职，欧阳修大失所望，他毫不掩饰自己的不满之情，以母亲年老多病为由婉言拒绝道：

不幸修无所能，徒以少喜文字，过为世俗见许，此岂足以当大君子之举哉？若夫参决军谋，经画财利，料敌制胜，在于幕府，苟不乏人，则军书奏记一末事耳，有不待修而堪者矣。由此始敢以亲为辞。况今世人所谓四六者，非修所好，少为进士时不免作之，自及第，遂弃不复作。在西京佐三相幕府，于职当作，亦不为作，此师鲁所见。今废已久，惧无好辞，以辱嘉命，此一端也。

　　　　　　　　　　　——《答陕西安扶使范龙图辞辟命书》

写罢，掷笔于荒野，任热泪在风中飘洒，最后长叹一声，向汴梁而去……

第五章

振文政

其志万里途

相别之地，再次相见，旧貌新颜，是怨是欢？心境不同，各有悲喜。衰伤如徐志摩的《再别康桥》，薄凉如纳兰容若的许多词。让人读来，心如霜打，暗暗地疼。欢愉也很多，当是更多，只是少有让人感动的段落。喜，多俗浅。回望自己蜿蜿蜒蜒的过往，泪水还都在掌心里凉，笑语却似经年的花，色香两不见。

汴梁，欧阳修回来了。

康定元年（1040）八月一日，贬谪四年在外的欧阳修回到了京城，他并没有多少激动，而是时时遥望边关心潮翻滚。一个内忧外患的宋朝，让一个心牵江山的臣子，又怎么会因为自己的一时浮沉而喜形于色呢？他深为自己不能举戈御敌而难过，再加上接连又有几位好友西去边塞协助边防军务，更让他心生抑郁、闷闷不乐，他也只好与好友梅尧臣书信相诉，一吐心中的块垒。

正当欧阳修郁闷京城之时，忽然收到了好友张先之弟的来信，为其兄求写墓志铭。原来张先早在去年就已经病故。当时让欧阳修大受震动，洛阳之欢，好似昨天之近，不想诸多好友，已经故去多人。而在几天前，薛夫人的哥哥，自己的内弟，只有二十四岁就盛年亡故。一个又一个亲朋友好友离去，让欧阳修顿时心生日月肃杀、时不我待的紧迫感，不能再这样在落落寡欢中浪费时光，既然不能疆场洒血，那就在当下的境况中尽自己的力，做能做的事。

馆阁的职位，欧阳修毕竟待过多年，做起来熟门熟路，而编撰《崇文总目》之前也做过，自然一切都了然于胸。所以，他决定用更多的时间研究历史文化，明净人心思想，勘校政纲国策。

欧阳修一边积极地编写《新五代史》，以期为当朝有一个可鉴的历史明镜，更积极地研究求证"正统论"。他将原来写成的七篇正统论心得，经过对前朝历史深入地批判总结，修改成了更精辟的《正统论序》《正统论上》《正统论下》三篇。明确地指出："正者，所以正天下之不正也。统者，所以合天下之不一也。"公允正义，才能打消人们的疑虑，不偏不私，才能平息是非。

梁启超在《论正统》的开篇中说："中国史家之谬，未有过于言正统者也。"这里我们不去探讨"正统"足不足论，那是史学家们研究的事。就当时的欧阳修的正统之说，虽然有一定的局限性，但还是具有很重要的现实指导意义的，而影响之深之广之悠久，时至千年之后的今天还在争论着。能让岁月不时在这里激起朵朵浪花，欧阳修，实在不是泥丸之身，言语，也似不是浮尘之谈。

欧阳修虽然身处京师，却一直牵挂边疆之远，将各个方面从前线传来的消息都细心收集整理，再通过自己仔细的研究和分析，写了三篇策论。因为以前多研究诗词、政治，对于军事了解甚少，他怕自己的推断有失偏颇，也就没有向上呈递。后来欧阳修发现，前方的战事竟然和自己料想的完全一样，他信心倍增，立即写下了《通进司上书》上奏皇上：

……

或击吾东，或击吾西，乍出乍入，所以使吾兵分备多而不得减息也。吾欲速攻，贼方新锐；坐而待战，彼则不来。如此相持，不三四岁，吾兵已老，民力已疲，不幸又遇水旱之灾，调敛不胜而盗贼群起，彼方奋其全锐击吾困弊，可也。使吾不堪其困，忿而出攻，决于一战，彼以逸而待吾劳，亦可也。幸吾苦兵，计未知出，遂求通聘，以邀岁时之赂，度吾困急，不得不从，亦可也。是吾力一困，则贼谋无施而不可。此兵法所谓不战而疲人兵者，上策也，而贼今方用之。今三十万之兵，食于西者二岁矣，又有十四五万之乡兵，不耕而自食其民，自古未有四五十万之兵连年仰食，而国力不困者也。

西夏贼王元昊，绝非泛泛之辈，这样对峙袭扰，是为了使我方陷入困局。这么多人驻守西北，巨大的军需供给压力，一定会使当地的民众生活苦不堪言。如果再发什么旱涝之灾，他们的生活将无法维系，怕是要发生暴乱之事，若贼人乘机用兵，必对我极其不利。据此分析，欧阳修提出了"通漕运、尽地利、权商贾"的三术之策，来解西北困局。

外患频频，内忧隐隐，欧阳修感于时局，时有悲叹，好在石延年、苏舜钦等好友在京为官，能够相互鼓励，还经常谈诗论词，稍解郁闷。谁知，时日不久，康定元年（1041）二月，原就旧病在身、不足五十岁的石延年去世。又一位好友离去，欧阳修悲痛不已。感于石延年一生怀才不遇，游宦处处，而正当国家用人之时，壮志初显，却又不幸病亡，真是让人难过：

> 才高不少下，阔若与世踈。
> 骅骝当少时，其志万里涂。
> 一旦老伏枥，犹思玉山刍。
> 天兵宿西北，狂儿尚稽诛。
> 而今壮士死，痛惜无贤愚。
> 归魂涡上田，露草荒春芜。
> ——节选自《哭曼卿》

欧阳修叹石延年壮心不已，也是激励自己，不失志存高远之抱负。

本年十二月十四日（时已改为庆历元年），跨时八年之久，多达六十六卷的《崇文总目》终于完成，宋仁宗看后龙颜大悦，立即颁旨封赏所有参编人员，欧阳修自然在嘉奖之列，被提拔为集贤校理。

年末岁尾，政事清逸，是王公权贵频繁雅集的时节。此时，又逢一场大雪，汴京银装素裹，一片玉楼琼阁，好似神界仙景。作为一代婉约词派大师的枢密使晏殊，是不愿错过这般赋诗填词的好日子的，也向同僚好友发出了赏雪之邀。一来颇得晏殊赏识，再者又是江西同乡，欧阳修自然也在邀请之列。席间，大家各展才情，词曲应和，都是歌功颂德之语，太平盛世之赞。宾客们笑逐颜开，无不欢心。欧阳修却闷坐一旁，一言不发。这般好光景，没有欧阳修的诗词，实在算不得雅事。一人出口，众人欢呼应和。大雪曼舞，红梅弄娇，哪知，欧阳修看到的只是寒竹披雪，他端起酒杯一饮而尽，叹道：

主人与国共休戚，不唯喜悦将丰登。

须怜铁甲冷彻骨，四十余万屯边兵。

——《晏太尉西园贺雪歌》

大家都期待着他的妙语佳句，可竟然是讽刺掌握国家军事大权的晏殊，不该贪欢当下，而应想到边关将士的冷暖。满堂人等，立时愣在那里。好在晏殊站起来鼓掌道："欢愉之时，不忘国忧。真诤臣也！我当愧怍自思。"众人也齐立鼓掌，暂解一时的尴尬。

对于此事，晏殊心里自然不痛快，但也只能笑着给自己打圆场，事后对人说："韩愈也是诗词大家，每次参加宰相裴度的酒宴，也只吟咏些'园林穷胜事，钟鼓乐清时'般的助兴语句，却不曾像他这样胡闹，败人兴致。"

尽管如此，晏殊还是很认可欧阳修这种爽直的心性，并没有因此疏远欧阳修，后来为女儿选女婿，晏殊还请欧阳修帮忙参考。这般家庭小事还与欧阳修商议，可见关系之亲密。只是多年之后政见不同，才渐生隔膜。

欧阳修虽然也不是权高位重，但他的名声早已响彻四方，为莘莘学子所倾慕，书信求教者不计其数，登门拜访也络绎不绝，欧阳修都悉心应答，真诚相待，学习上更是倾力指导，认真点拨。其实他早在夷陵的时候，就对肯求上进的青年倍加关怀、照顾。这一天，一个刚刚入学国子监广文馆的年轻人来到他的府上，这个人就是曾巩。曾巩，建昌军南丰（今江西南丰）人，出生儒学世家，其祖父、父亲皆为北宋名臣。少小成名，聪慧过人。以前就很喜爱欧阳修的文章，后来对他的品节、才学更加钦佩。此次求学进京，他就迫不及待地写了《上欧阳学士第一书》，以求拜见。

曾巩的来信让欧阳修眼前一亮，知道这是一个可造之材，因此十分宠爱，每每悉心指导，使其文章大有精进，很看好他的前程。欧阳修曾经写道：

……
我始见曾子，文章初亦然。
昆仑倾黄河，渺漫盈百川。
决疏以道一，渐敛收横澜。
……
——《送吴生南归》

前前后后，求教的人不计其数，欧阳修最喜欢的依然是曾巩，他常常对人说："过吾门者百千人，独于得曾生为喜。"其得意之情溢于言表。然而，曾巩却在转年的省试中落榜了，这让欧阳修大为吃惊，更让他吃惊的是，还有多名他非常看好的学生也都榜上无名。因此，他对当朝的科举制度再次产生了怀疑，认为以一个尺度来考查才学，对真正的饱学之士多有偏颇。不管是考官还是考试本身，应该多有变通，阻投机之士，取聪慧之才。并且提出了"先考策，而后考论，再考诗赋"的观点。注重才学，兼顾品德，摒弃本本主义，用更合理、更人性化的方式选拔人才，让天下才俊多受裨益。在他的倡导和影响下，也如他《吉州学记》所言，一度出现了"海隅徼塞，四方万里之外，莫不皆有学"的宋代文化盛况。

欧阳修出身寒门，有胥偃知遇之恩，才得以荣耀皇榜，他深懂求学之不易，所以他一生对人才倍加爱惜，舍力提拔，其身后的诸多在文学有杰出成就之人，他多有提携相助。真正是"桃李不言，下自成蹊"。

红粉自生香

如果说西京城的欧阳修是用情诗词,而东京都的他,则是用心朝政。自庆历初年回汴梁,欧阳修对宋仁宗寄予厚望,时时出谋划策。虽然进谏不断,却几乎得不到朝廷的回应,让他心灰意冷。

欧阳修一直混迹于低层,即使回到京城,也没有晋升高职,生活并不富足。再加上薛氏接连给他生下一女一子,日子更加窘迫了。庆历二年(1042)九月,对宋仁宗失望至极的欧阳修,以家庭生活困不可支为由,请求外调。的确,汴梁的各种应酬较多,物价也非下面的州县可比,以那点儿俸薪来支撑越来越多的家庭人口是有些勉强。于是,皇帝同意将他调往滑州。再次任职滑州,但与上次大有不同,那时只是一个普通的官员,而今却是仅次于知州的通判。

欧阳修到任时,正逢蝗灾,飞蝗所到之处,遮天蔽日,草木庄稼瞬间面目全非。

蝗灾是一种古老的自然灾害。我国蝗灾频发,可谓世界之最,记录的大小灾情多达千次。旧时的蝗灾,常常造成"禾草皆光""人相食"的悲惨场面。全球各地,也是蝗灾不断。马达加斯加1994年发生过"最恐怖的蝗灾",蝗虫过处,绿色全无,只剩下一片片牲畜和人的累累白骨。

蝗灾,多因旱情,所以有"旱极必蝗"之说。李苏《见物》中云:"旱涸则鱼、虾子化蝗，故多鱼兆丰年。"乡俗里年年有余（鱼）的说法，当是从祈求没有蝗祸临世的吉祥之意中演变而来。

面对灾情，欧阳修立即巡察各地，对各县官员消极的态度进行了严厉的斥责，督促、组织人力围剿蝗虫，抗灾自救。经过不懈的努力，再加上天气渐凉，灾情大有好转。到达韦城县的时候，蝗灾已息。在小路边的沟坝上，一个孩子正追着难得一见的一个小蝗虫玩耍，这情景让欧阳修不禁想起了自己小的时候，脸上露出了难得的笑意。

韦城是巡察的最后一县，灾情渐轻，欧阳修自然高兴得不得了。在韦城县令的招待夜宴上，他情怀大展，杯酒频频，诗词连连。的确，在京城里政事纷扰，身心紧张，从来没有过这样恣意地放松过自己了。有酒，有诗，怎可少了美人？琴声起处，若流水潺潺。一对歌伎款款而来，腰肢如弱柳，羽裳炫虹霓，再有那燕语莺声唱。欧阳修有些迷离了，仿佛身在洛阳那年。一曲舞罢，歌伎们上前敬酒，让宴席达到了又一个高潮。其中一个女子，尤为娇美，举手投足间，尽显万种风情。她来到欧阳修面前，巧笑嫣然，频频举杯相劝。也不知是有心还是无意，这女子忽然脚下一软，差点倒下了。欧阳修急忙伸手相扶，立时，这女子满脸红羞，眉目间尽是妩媚，眼神又最后轻轻一勾，好似娇花含苞，直让欧阳修呆了一呆，霎时心生荡漾。

宾客们一阵哄笑，欧阳修才发觉自己捏着女子的手还没松开，也急忙笑了，以解失态。然后端起一杯酒，信口吟道：

灯烬垂花月似霜，薄帘映月两交光。酒酽红粉自生香。

双手舞余拖翠袖，一声歌已醋金觞。休回娇眼断人肠。

——《浣溪纱》

月光酒光如梦，灯影人影如幻，这般良辰美景怎不惹得人醉？夜静更深的时候，回到驿馆的欧阳修好似还在那歌舞里飘浮着，半睡半醒。

且说那歌伎，本是一知书达理的官家小姐，也曾窗前弄女红，灯下读诗词，对欧阳修十分倾慕，时常仰望明月遥寄芳心。不想父亲突获重罪，自己被充入歌伎，万般美好顿成一地落花。虽然身在无奈，却不舍牵挂，每每用欧阳修的诗词来温暖自己的日子，心随欧阳修的消息起起伏伏。前两年听说欧阳修任职滑州，好不激动，怎奈州县相距不近，她又不得自由，实难相见。她常常感叹那是一生与欧阳修最近的距离，不想欧阳修再次任职滑州，更不想竟然到了韦城。她觉得这是上天对她最好的眷顾，她，不想再错过。

月，是心中月；人，是梦中人。一夜的美好，足已抵消她一生的寒凉。她悄悄地离开了驿馆。

欧阳修已经不是多情少年，对于一夜宿醉的风流深有悔恨。自此他专注于文学，立志于报国，就以标榜后世的品德来要求自己。洛阳金钗诗之后，虽然也多有歌舞之欢，却是再无花间艳遇之事。而此次韦城县之错，让他心生惶惶。

风的故事，草知道；夜的故事，星星知道。错了就是错了，错，不会因为自己的欲盖弥彰而成为昨夜的露水。韦城之事，很快传开，时不时地成为同僚朋友们笑闹的话题，问他是不是受了当年金钗诗的启发，才想到这次真送金钗？

这样的细节传于坊间，成为谈资，欧阳修也只能尴尬一笑。即使多年之后，亦有同僚依然调侃：

> 大臣为馆职，奉使契丹，归语同舍吴奎曰："世言雨逢甲子则连阴，信有之。昨使契丹至长垣，往来无不沾湿。"长文戏曰："长垣逢甲子，可对韦县赠庚申也。"

> ——《临汉隐居诗话》

好在唐宋时代，诗文风流，这般风月虽然不能载入正史，也多视为雅事。

的确，政敌们发难于欧阳修的时候，也没以此为把柄，不过因此生发了乱伦的污言秽语。

这些闲话，似乎无足轻重，只是后来欧阳修的夫人知道了，似乎惹了小小的不快：

> 夜来枕上争闲事。推倒屏山褰绣被。尽人求守不应人，走向碧纱窗下睡。直到起来由自嗔。向道夜来真个醉。大家恶发大家休，毕竟到头谁不是。
>
> ——《玉楼春》

夜里，薛夫人和欧阳修争论起这件闲事来，似乎越说越恼，竟然掀了被子，推倒了屏风。不管欧阳修怎样相求也是气难消，独自跑到窗下的小榻上倒下了。折腾了一夜，也没睡好，第二天早早起来，又哄着夫人原谅，说实在是喝多了，今后一定多加注意。夫人叹息一声，说：不和你闹别扭了，咱们这样争来争去的，也说不明白个是非。

小小一词，颇有情趣。一代文宗也有这般夫妻斗气闲事，还真不是贬低了他的身份，倒显鲜活真实，任你高成圣人，又怎可不食人间烟火呢？诗言志，词抒情，如果欧阳修不着尘泥，怕是写出来的只是泛泛之音吧？却不是我等常人愿读的，而宋词怕是也不会有了。

君子之明也

明者，日月也，当有日之灼灼、月之朗朗。日月明，万物生。若人心中有日月，自然不惧云翳烟尘，必成垒垒正正千古之明。

滑州，为古滑台城。《水经注》曰："旧说，滑台人自修筑此城，因以名焉。"这个小小城邑，虽然历史悠远，距西京洛阳也不远，但文化教育并不发达，正是欧阳修的到来，给这里留下了不尽的文化财富。而"文湖荡漾于其前；伴水渊沥于其后；奎峰耸峙于其左；浮屠屹立于之右。历来贤尹多会于此，为作育人材之所"的欧阳书院，是其中最大的一块瑰宝。而《画舫斋记》的蜚声天下，让这块"避难者多依焉"的地方，"至有宋而欧阳永叔为政，文采风流，辉映一时"。

欧阳修再任滑州，竟然将自己的"燕私之居"命名为"画舫斋"，为很多人所不解。在他此前贬谪途中，"自汴绝淮，浮于大江，至于巴峡，转而以入于汉沔，计其水行几万余里，其羁穷不幸，而卒遭风波之恐，往往号神明以脱须臾之命者，数矣"（《画舫斋记》）。这样危于水的经历就在昨天，他怎会忘却？

不，正是屡遭江河的"风波之恐"，才让他有了坦然面对狂涛巨浪的决心和信心。那么多生死攸关的大风大浪都经过了，如今承沐皇恩，又怎可只"饱廪食而安署居"呢？舫，为船，船可渡，他是要用人生更深刻的思考来渡自己，超越名利之私，超越是非纠葛，安立潮头，垂品节之范于家国江山。

庆历三年（1043）正月，还在滑州任上的欧阳修，已经早早嗅到了春天的气息。他站在归雁亭上，四野虽然还是一片茫茫白雪，不时有鞭炮在远方零星响起，那盎然的生机却无可阻挡，隆隆而来：

……
新年风色日渐好，晴天仰见雁已回。
枯根老脉冻不发，绕之百匝空徘徊。
顽姿野态烦造化，勾芒不肯先煦吹。
酒酣几欲轰大鼓，惊起龙蛰驱春雷。
偶然不到才数日，颜色一变由谁催。
翠芽红粒迸条出，纤跌嫩萼如剪裁。
卧槎烧蘖亦强发，老朽不避众艳咍。
姹然山杏开最早，其余红白各自媒。
初开盛发与零落，皆有意思牵人怀。
众芳勿使一时发，当令一落续一开。
毕春应须酒万斛，与子共醉三千杯。

——《归雁亭》节选

大雁、翠芽、红粒、杏花，这些春天的信息，都是欧阳修对京城好消息的渴盼。这才几天呢，来了，一切都来了，太多太多激动人心的喜讯接二连三地传来，真让人应接不暇。先是西夏因苦于战火所累，不再袭扰北宋边疆，主动派使者议和，历时四年之久的宋夏战火暂告平息，可以说外患消隐。而三月二十一日，辅佐皇帝长达二十年之久的吕夷简终于罢相而去，宋仁宗倒是可以摆脱束缚放手改革以解内忧。

吕夷简辞去相位之后，宋仁宗采纳了一些大臣的建议，广开言路，增补谏官,以利于更新朝政。雁鸣声声里,一匹快马踏着浓浓的草香驰向了滑州。欧阳修接到了朝廷的圣旨,他被选为谏官。而极力推荐他的人,就是接替吕夷简的新任宰相兼枢密使的晏殊。之前多有传言,说因为赏雪一事,晏殊与欧阳修关系交恶,这实与事实不符。从这件事也就看出,晏殊绝非一些人想象的没有器量。俗话说,宰相肚里能撑船。即便是久居高位的吕夷简,一直被人认为过于专横,但对持不同政见者,也不是一棍子打死,而是多有任用。

此次与欧阳修一同推为谏官的还有三人:蔡襄、余靖、王素。此四人思想犀利,眼光独到,言辞尖锐,时号为"一棚鹘"。鹘,鹰隼类的猛禽。以鹘来形容他们,足见进谏之迅猛,谏言之锋利。

在宋仁宗的全力支持中,欧阳修大刀阔斧地对朝中的冗官冗费进行清理整顿,他还建议皇帝"任贤勿贰,去邪勿疑"。

最初,宋仁宗在听取了欧阳修等四位猛禽一样的谏官的建议后,革新的意愿还是很强烈的,于四月初将韩琦、范仲淹一同任命为枢密副使。而在吕夷简的推荐下,夏竦被任命为枢密使,消息传出后,欧阳修等人对这个公认的善于玩弄权术的"奸邪小人"极不认同,夏竦已经在城门外候旨的紧要关头,几位谏官连上十一道奏章。宋仁宋只好改了主意,宣夏竦改任亳州知州。

一步之遥,即将官拜高位却转为地方官吏,夏竦望着汴京城门,心生怒火,但他却隐而不发,立誓执掌牛耳,横扫朝野。

朝廷的一系列做法,可以说深得民心,而时任国子监直讲的石介,为此慷慨激昂地写下了《庆历圣德颂》,诗歌激情地讴歌了诸多贤臣,而夏竦却被斥为大奸大恶。此诗一经传出便天下唱和。朝野上下,贤达之士甚是激动,感觉一个全新的时代即将来临。而范仲淹和韩琦看了《庆历圣德颂》却深感忧虑,认为如此激进的言论,必定引起守旧派的高度关注,导致革新之途变得曲折艰难,前景也更加扑朔迷离。

年轻的宋仁宗挣脱吕夷简这么多年的牵绊,忽然发现天地是如此的辽阔,对于改革的愿望就更加急迫了，再三催促几位重臣点出国之新途、政之新策。范仲淹一边感叹石介等人的激进之言感染了皇帝，使其心焦气急，一边殚精竭虑、苦思冥想，经过多少个日夜的斟酌再斟酌，终于写出了《答手诏条陈十事》。而富弼也推出了对范仲淹主张大有补充的《安边十三策》。至此，荡漾历史的庆历新政正式全面展开，一时间，庸贪之吏纷纷落马，社会渐显清明。

对于科举的弊端，欧阳修曾经多次撰文质疑批评，在这次改革风潮中，他再次提出"精贡学"的主张。很快，朝廷就颁布了由他起草的《颁贡举条制敕》。一时间，天下官私学校兴盛开来，成为宋以来最壮观的文化景致。

鉴于忠直敢言，不避权亲，政见独到，欧阳修连连晋级，以至被免试擢升为知制诰，也就是相当于皇帝的机要秘书一职。这般重要的位置，能够破格任命的，在宋朝建立的一百多年里，也不过三两人，欧阳修深知感恩，亦懂得责任之重，因此更加倾心于新政的推行，呕心沥血、日夜操劳。

春天就这样真的来了，那雄伟的雁阵，那激情的春雷，那翠芽红粒，忽然就成了关不住的满园春色。

欧阳修沉浮于各地，虽然日子清苦，可时有赏花弄草之兴，吟诗赋词之趣，也常有宠妻逗儿之乐，而如今忙碌于朝政，匆匆去，匆匆回，在家中也不得安心，不是仰天长叹，就是默默沉思，少有平稳坐卧。今天，欧阳修走进自家的府邸，一下子感到竟然是这样明媚，而呼喊着迎出来的孩子好似又长高了，而自己的妻子也似乎更加俊美了。他长长地呼了一口气。

春天，就是春天，不管多么美轮美奂，似乎离收获还有些遥远。面对姹紫嫣红，小小的沉醉可以有，小小的欢呼可以有，只是还需要努力，不仅要承受马上面临的落花之伤，还需跨过一段寂寞的长途。这话，谁都懂，可多少人连走过那段寂寞的距离的资格都没有，就随着纷纷的落花零乱了。甚至还有没落者如我，连那看花的幸运都没有。风卷起的，只是些迷离自己眼睛的霜雪粉尘。

庆历新政的确雷厉风行，真是太匆忙了，匆忙得忘记了昨天，匆忙得还没想好明天，匆忙得拿这初绽的春花当成累累硕果来欢呼。似乎一卷圣旨徐徐展开，就是崭新的一片皇天厚土。一夜之间，没留一点儿缓冲的距离和一个缓冲的心理承受力，就把那些守旧势力逼到了悬崖边上。在中国的文化里，有太多向死而生的词语了，也有太多这样的计谋。他们在惊慌失措中开始了疯狂的撕咬，不择手段地反击，一时间朋党论再起，说改革派不过是以"国家爵禄为私惠，胶固朋党""误朝迷国""挟恨报仇"。

面对这流言蜚语，宋仁宋也没了主意，因为他同样没想清昨天和明天，他甚至在一些重要的公开场合质疑范仲淹有朋党之私。心中无私的范仲淹答道："诚使君子相朋为善，其于国家何害？圣上不必违忌令止。"

巡察西北边陲的欧阳修，惊讶了，甚至是愤怒了。夜，如此深，深得只有猎猎的风。欧阳修想着从京城里传来的那些消息，难以入睡。他，披衣望向窗外，那里，一轮皓月高挂在长空，就似那冰的清澈，又似玉的皎洁。刹那间，欧阳修一片心思澄明，于是挥笔写道：

> 臣闻朋党之说，自古有之，惟幸人君辨其君子小人而已。大凡君子与君子以同道为朋，小人与小人以同利为朋，此自然之理也。
>
> 然臣谓小人无朋，惟君子则有之。其故何哉？小人所好者禄利也，所贪者财货也。当其同利之时，暂相党引以为朋者，伪也；及其见利而争先，或利尽而交疏，则反相贼害，虽其兄弟亲戚，不能自保。故臣谓小人无朋，其暂为朋者，伪也。君子则不然。所守者道义，所行者忠信，所惜者名节。以之修身，则同道而相益；以之事国，则同心而共济；终始如一，此君子之朋也。故为人君者，但当退小人之伪朋，用君子之真朋，则天下治矣。
>
> ——《朋党论》节选

浩歌自成伤

历史的车轮滚滚向前，然而这股强大的激流中总生惊涛骇浪，更不乏暗流旋涡，多有反复。

巡视在外的欧阳修，一直牵挂着京城，但又不敢多有分心，只得尽心尽职于考察。三个月后，他终于回到了汴梁。本以为一切都已风息雨止，却不想还是阴云密布，似乎雷声更急。随着一些官员的权益逐渐被剥蚀，更多的官僚权贵惶惶不可终日，因此肆无忌惮地攻击诬陷几位力主新政的核心成员。一时间流言蜚语尘嚣日上，漫卷朝野。宋仁宗似乎也难以平衡黑白，渐生摇摆之心。范仲淹彻夜难眠，无法承受越来越大的压力，恰适西北边事又生变故，便向皇帝请辞而去，督守边陲。

历史读到这里，总免不了一声叹息。范仲淹的抽身离去，让我在崇敬那句"先天下之忧而忧，后天下之乐而乐"思想名言的时候，似乎觉得这里又缺少了一点儿刚性的精神。好在一缕阳光正好照进来，让那泛黄的书页渐渐明亮起来，就连我的叹息也轻松了许多，纵有万纠千结，毕竟岁月向着晴好曲折而来。

汴梁毕竟还有欧阳修，这个从不甘屈服的斗士，即使只剩下一叶孤帆，他也会直指沧海的。

范仲淹的激流勇退，最初是想以大禹治水化堵为疏的策略，引开守旧势力的汹涌之势。然而他的离开，毕竟让新政少了一块抵挡狂潮的柱石，反对势力愈加喧嚣，更加不择手段地打击维新人士。曾经进京就任枢密使最后一刻被废的夏竦，自然不肯偏安一隅，他处心积虑，指派心腹女奴潜入石介府中，模仿其笔迹，罗织了石介、富弼伪造废帝诏书谜案。在如此流言的冲击下，富弼自是不能安心朝政，很快调任河北。而石介更不能幸免，也远调外地。

面对朝中接连不利的变故，使欧阳修深感责任重大，于是更加夜以继日地工作，搜集各地信息，分析当下弊害，再一次次上奏劝谏仁宗，阐述新政益处，以期能力挽狂澜，继续推行新政。

一日清晨，欧阳修准备带上昨夜写的奏折呈送给皇上，却发现竟然湿了。夜里曾有几声闷雷，似乎也下了几滴雨，可外面一地干爽，偏偏弄湿了他书房里的奏帖。欧阳修颇为不安，这，或许不是吉兆。果然，当天他就接到了新的调令，命他调往河北，虽然不出欧阳修所料，但也没想到会这么快，毕竟他没有致命的把柄在反对者的手里，更何况仁宗对他还是比较信任。

谏官要臣们极力上言，肯求皇上收回成命。蔡襄谏道：

……

任修于河北，而去朝廷，于修之长，刚失其所长，于朝廷之体，则知道其重。

……

皇上，您不知道欧阳修的长处吗？不知道江山社稷的重要吗？

而这次，宰相晏殊却力主欧阳修外调，并强调责任重大，是为解外患之忧，固大业江土。这，多多少少出乎一些人的意料，毕竟欧阳修的提升与他的大力推荐很有关系。其实，正是这两年就任谏官，欧阳修"天资刚劲，见义勇为；虽机陷在前，触发而不顾"的性体愈加明显，使晏殊"擢欧阳修等为谏官，既而苦其论事烦数，或面折之"。

太过刚正的欧阳修，使晏殊等人屡屡丢面子，而此次新政也太过激进，让向来沉稳的"太平宰相"晏殊心生反感，两人渐生嫌隙，《东轩杂录》载：

> 晏一日指韩愈画像语坐客曰：此貌大类欧阳修，安知修非愈之后也。吾重修文章，不重它为人。欧阳亦每谓人曰：晏公小词最佳，诗次之，文又次于诗，其为人又次于文也。
>
> ……

韩愈向来是欧阳修的诗文仕途的楷模，晏殊贬低之语，自然让他心生不满、反唇相讥。至此，这对师生也就渐行渐远。

新政危急，朝事纷乱，欧阳修怎么可能安心去任河北呢？临行前他再次上告皇上，一定要维持新法，不可半途而废。仁宗再三强调说，此事不过是边关事情突发，你也只是暂时出京，很快就会召回。并谆嘱对国家大事一定还要多多关注，朝政之事也要像从前一样知无不言。

小时候听书，戏里常道，皇帝金口玉牙，说东东，说西西，不可更改。常因为皇上的一句谐言之语，生了许多趣事，也觉得这金口玉牙倒也可爱。长大后渐渐懂得，这些故事，多是说唱者平添的笑话。皇帝的话，你信了，那就错了；你若不信，那也错了。这万岁爷是可以随意舌底生风雷的。一黑一白，一生一死，自在唇齿之间。

信与不信，欧阳修都得离开京城，一路车马，好不忐忑。

此时，两大政派虽然还在朝中对峙，但保守势力已经是日渐凶猛，蔡襄等人无奈先后离京。就在欧阳修北去的背影还依稀可见的时候，宋仁宗迫于守旧党徒的高压，颁布多道诏令，将各项改革措施一一废止。而守旧派为了彻底清除新政势力，再次小题大作，制造了"进奏院事件"。以集贤校理王益柔的醉后诗作"醉卧北极遣帝扶，周公孔子驱为奴。"为由头，诬陷其藐视朝廷、辱没圣上，并以盗用公钱罪牵扯到苏舜钦，还直指苏舜钦的岳父，接替晏殊任宰相的杜衍。杜衍身为一介老臣，思想却不保守，一直力主新政。因此那些奸邪之徒怀恨在心，怎奈碍于其位高权重，难以撼动，就采用了从杜衍的亲朋好友下手的外围策略。

去其培土，断其须根，以达动摇枝干之目的。

"进奏院"案一出，就算是以善辩闻名的杜衍，有这般的亲情牵连，又怎可论说是非呢？只能眼睁睁地看着苏舜钦等十多人被贬离京，而他自己不愿与守旧势力为伍，多次请求出知离京。宋仁宗虽然多有挽留，但他也已心冷于朝政。

欧阳修就任河北短短不足三个月，京城就发生了如此大的变故，他在接到好友苏舜钦寄来的辩冤信后，挥笔写道："子美可哀，吾恨不能为之言！子美可哀，吾恨不能为之言！"其悲愤无奈之情跃然纸上。

年末，欧阳修回到京城，当时冰雪满街，冷风穿城，老友故交多已罢贬各方，这让欧阳修更觉寒凉。

欧阳修奉命再任河北。不想庆历五年正月，朝中再起狂飙，守旧派以朋党之由，弹劾范仲淹、富弼等人，虽有韩琦拼力死谏，但宋仁宗置若罔闻，将朝内朝外的范仲淹、富弼、杜衍等人贬降，最后连韩琦也贬出了京城。

时值三月，本应是花开千树的明媚时节，欧阳修听到这些消息，真如身陷隆冬，他非常明白，一切都已无法逆转，但他刚直的心性，又使他无法泯灭报国之心。夜里，他以风雪之词挥笔诤诤谏书，然而他等待了许久许久，一颗拳拳之心，却没等来京城的只言片语。

春色渐渐远去，终将会迎来"黑云压城城欲摧"的风暴，虽然欧阳修怀有玉碎报国的决心，但夙愿未了，不觉也感叹道：

时节去莫挽，浩歌自成伤。

——《暮春有感》

闻知旧友石介被贬之后,一直在山东老家,专心事学,欧阳修也想退闲乡野,可想了又想,还是否定了自己的想法:

> 便欲乞身去,君恩厚须偿。
> 又欲求一州,俸钱买归装。
> 譬如归巢鸟,将栖少徊翔。
> ——《镇阳读书》

国家亟待复兴,浩荡的皇恩还没有报答,我怎么可以抽身而去呢?

欧阳修身处于危机之中,还视国家大义为山。真是其志朗朗,其心昭昭。

柳黄霜正白

欧阳修自知靠新政惠利天下已不可能，但在河北任上并没有心灰意冷，仍是兢兢业业地尽职于各项工作，以期造福一方百姓，从而以点代面，影响全国。然而，守旧势力怎么可能让他这个推行新政的中坚力量退守一方呢，他们虎视眈眈，一旦找着机会，就会像饿狼一样猛扑上去进行撕咬。

狂风暴雨终于来了，来得那样猛烈并意想不到。

小时候，听岳飞的故事挺入心的，后来岳飞被皇上以"莫须有"的罪名杀了，很是难过，还流了泪。当时对"莫须有"很是不解，求问父亲。父亲摸着我的头说：你这孩子，净问些没用的。父亲没有多少学识，似乎只能这样敷衍于我，来掩饰自己的尴尬吧？后来对"莫须有"懵懵懂懂地稍有认知，很是感叹这"莫须有"比那"证据确凿"更可怕。再读那首《满江红》，虽然也有壮怀激烈的感受，但却有更多的叹息。这里，我要说的是另一首词，欧阳修的《望江南》：

江南柳，叶小未成阴。人为丝轻那忍折，莺嫌枝嫩不胜吟。留著待春深。

十四五，闲抱琵琶寻。阶上簸钱阶下走，恁时相见早留心。何况到如今。

春风初到江南，柳芽儿初萌，就连那黄莺都不肯用歌声惊扰，人们更不忍攀折把玩，好待春光更好。一个十四五岁的小女孩，时而轻拨琵琶弦，时而又和小伙伴玩游戏，一会儿又跳下台阶，在那里蹦来走去，像蝴蝶一样。

多么可爱的一首小词，就似江南早春的柳丝，软软地摇在人们的心里。可就是这短短的抒情文字，却成了欧阳修的罪证。

庆历五年（1045）七月，欧阳修身陷与外甥女通奸艳案。这个外甥女，其实就是妹夫张龟正前妻的女儿。当时妹夫突然病故，孩子尚在年幼，又无人照顾，欧阳修便将其与妹妹一起接到府上，待到成年后，经家人商议，就将她嫁给了欧阳修的远房堂侄，以期有个亲情照应，免得受苦。欧阳修的这个堂侄，虽然只是一个权低位轻的小小官吏，但也知疼知爱，待张氏不薄。不想家中有一男仆，虽然年小，却是英俊风流，常嬉笑挑逗张氏。张氏毕竟年少，一来二往之间把持不住，终成苟且之事。六七月间，欧阳修的堂侄在一方任上满期，进京等待新的职差。旅途中，欧阳修的堂侄一直在左右不远，可张氏和那男仆却耐不住寂寞，终使奸情败露，欧阳修的堂侄怒火中烧，遂将二人交至开封府治罪。

这本是黑白分明的简单案事，的确用不了什么周折。谁知这开封府尹杨日严接到此案后，大喜过望，对张氏严刑审讯。原来这杨日严曾因贪污等恶事，被欧阳修上谏弹劾过，他不但不思己过，还一直怀恨在心。他就想搅浑此案，看看能不能找到不利于欧阳修的一些端倪，以泄私愤。那张氏哪见过什么阵仗，在威逼利诱之下，一通乱说，言词中多有涉及出嫁前的暧昧之事，污言秽语，不成视听。杨日严心花怒放，以为就此可以将欧阳修拉下水。而同审的判官却与他意见相左，认为张氏的惊恐之词不足为凭，当年的事很久远也无关此案，不应牵扯其他，徒生莫须有。

此时的欧阳修，相信清者自清，浊者自浊，而且身距京城遥远，隔山隔水，沟通不便，更何况他实在无心于此，因为他的长女就在六月刚刚夭折，他深陷痛苦中难以自拔，时时悲叹：

> 吾年未四十，三断哭子肠。
> 子割病莫忍，屡痛谁能当。
> 割肠痛连心，心碎骨亦伤。
> 出我心骨血，洒为清泪行。
> 泪多血已竭，毛肤冷无光。
> 自然须与鬓，未老先苍苍。
> ……
>
> ——《白发丧女师作》

人在盛壮，却三哭自己的儿女，着实大悲。再有国事纷扰，人已经须发皆白。欧阳修憔悴不堪。

事情到了这里，本应风平浪静。然而身为宰相的陈执中、贾昌朝等人，本与欧阳修政见不和，苦为找不到更猛烈打击他的理由，闻听此事，自是狂喜，认为机会来了。一边大造舆论，中伤欧阳修，一边让人上奏皇上，说欧阳修身为国家重臣，道德满口，却人伦丧失，败坏纲常，应当严加惩办，不得姑息。并以那首《望江南》为证，牵强附会，说张氏当年初到欧阳府中，正是玩耍的年纪，欧阳修就对其怀有淫心，待她出嫁，已到十四五，其间定是多有诱骗，发生了不可启齿的伤风败俗之事。词中处处暧昧，当年的丑事行迹清晰可见。另外，欧阳修收留张氏，还有不善之想，那就是侵占其父留下的家私。淫其人，占其财，可谓老谋深算，实在是恶贯满盈。

宋仁宗闻听，大为震怒，命人重审此案，并且将欧阳修的事列为重点。贾昌朝、陈执中等人暗暗窃喜，并推荐自己的同党苏安世主审，宦官王昭明监办。王昭明曾与欧阳修小有过节，贾昌朝、陈执中等人的这般安排，其用心之恶可想而知。不想王昭明不是恶小之人，深知大义，并不因过节恶语于欧阳修，认为张氏的惊慌言辞，实在不足定案，力主公正。若以此结案，欧阳修自是毫无实罪。苏安世深懂两位宰相的心事，这样做着实不好交待，就对王昭明说："咱不如罗列些言辞，就按宰相大人的意思了案。即解你仇，也除其害。"

王昭明却说："我长期跟随皇上，每日听他言及欧阳修，必夸其才，必赞其志。虽屡经浮沉，其心昭昭，何以为害呢？若今日以私心强加其罪，于我心不忍，也违浩荡皇恩。非要胡来，将来澄明天下，能否吃罪得起？"

王昭明的一番话，让苏安世很感不安，若执意定罪，王昭明禀明了皇上，自是难保其身。可悖了两位宰相大人的意，也难以过关。只好在维持开封府原判的情况下，加了欧阳修有谋取张氏财产之心的虚妄之词，并奏谏弹劾。

短时间内，欧阳修可谓在浪涛中起伏，终没实罪而遭重责，但依然因此被落罪，降为滁州知州。

原以为远离京城，也可以安治一方，正想大展宏图之时，不想陷入如此龌龊的流言之中，还再遭罢贬。欧阳修悲叹不已，在无奈之中渡黄河而去：

　　阳城淀里新来雁，趁伴南飞逐越船。
　　野岸柳黄霜正白，五更惊破客愁眠。
　　　　　　　　——《自河北贬滁州初入汴河闻雁》

雁鸣秋风，船逐寒流，霜打岸柳，如此悲苦景致，只到五更也是我心中的烦愁。向南，能得安闲吗？

人在落寞的时候，多有相问，未来是柳暗花明呢，还是更向风雪？哪有答案呢？直惹得白发又多生了几根。夜里轻轻数捻，像极了珠串在指端的轮回。

第六章

渐向寂寞

明月高峰巅

滁州，终于来了。

观欧阳公的生平，我对滁州大有期待，只因《醉翁亭记》。他浮沉于京城州县，虽然多有美酒相醉，但得醉醒之真谛，是为滁州。青山秀水虽有情可寄，一醉一醒，却知了天地苍然。滁州之贬，使欧阳修人性境界又上一层。

洛阳，恣意，得词之清婉；夷陵，苦求，懂谏之锐利；滁州，洒脱，得文之幽悠。

一城一层，一层一城，浮沉谁说，得失怎讲？倒是东京汴梁，出出进进，多纠葛于政事纷扰，杂乱之中少有思索。退一步，沉一次，却得霜下红叶，却得雪中傲骨。我倒是觉得，皇城之远，更见欧阳修，那里，其实才是他的天地江山。

我与酒，缺缘分，曾几何时也好喝上几杯，却不知在哪一天就疏远了，渐渐薄于酒事。写过多篇酒的文字，虽然没有酒般的妙意，但也有些通透的趣味在里边。远途的好友便说我定是酒力精进，多次相约。我只好连连解释，说早已远离了杯中之物，但，酒还在心。我只爱酒香。

滁州有酒香。

那山那亭那壶酒，滁州，等了多少年代？

庆历五年（1045）十月二十二日，欧阳修来了。初到滁州，欧阳修还是有些沮丧的，那种荒凉毕竟大出意料，满城不见像样的房屋，错落杂乱，高低不一；街巷狭窄曲折，时续时无，荒草丛生；四处的道路都被山岭阻断，车马难行，完全是一个与世隔绝的穷困之地。欧阳修看着这萧条的景象，心里万分难过，想想自己被人诽谤、陷害，更是气愤难平，从没像今天这样对那些小人如此痛恨，视他们为吸血的蚊虫一样无耻，而又让人无奈，于是他写下了《憎蚊》一诗，借以遣责那些奸邪之徒，不顾国家大义，为一己之私，不择手段，诬陷良善，将人置死地而后快。诗中写道：

　　　　扰扰万类殊，可憎非一族。
　　　　甚哉蚊之微，岂足污简牍。
　　　　乾坤量广大，善恶皆含育。
　　　　荒茫三五前，民物交相黩。
　　　　……
　　　　虽微无奈众，惟小难防毒。
　　　　尝闻高邮间，猛虎死凌辱。

一个堂堂的文学大家，以"岂足污简牍"的蚊虫为诗，可见愤怒之程度。

欧阳修的人格魅力，不仅在于文政之途，更在于一直积极向前，他不是一个怨尤之人，从不会在怀恨中度日，时日不多，很快就以乐天的心情去面对这座小城了。

滁州虽然地处偏僻，但人性纯善、民风纯朴，欧阳修的宽简之政，短短的时间里，将一方小城就治理得井然有序。公务闲逸，使他有更多的时间去搜奇探胜。原以为是一片冷山硬水，不想却是秀幽峻险遍地。那一日翻阅滁州的史志，得知琅琊山传为琅琊王司马伷驻扎之地，遂踏雪上了琅琊山。时适早春，寒雪渐薄，梅花满山。一时间红白相映，再衬以松柏的苍郁，时有幽泉浅吟，高处更有古亭巍然，这让欧阳修诗情灿如彩虹，回到家中激动难禁，挥笔疾书，写下了《游琅琊山》：

> 南山一尺雪，雪尽山苍然。
> 涧谷深自暖，梅花应已繁。
> 使君厌骑从，车马留山前。
> 行歌招野叟，共步青林间。
> 长松得高荫，盘石堪醉眠。
> 止乐听山鸟，携琴写幽泉。
> 爱之欲忘返，但苦世俗牵。
> 归来始觉远，明月高峰颠。

南山一游，实不尽兴，欧阳修吟咏着诗句，回味着那鸟鸣泉音，心情痴醉，恨不得马上再上峰岭。几件府衙中的小事，处理了几日，已是春游的盛时，欧阳修再次简衣出游。为了得寻更多的趣味，他特意另寻了一条路上山。几番攀行到半山处，忽闻有经歌之声隐隐传来。欧阳修一行循声而上，不多时，远处的森森林木间果然隐着一处古刹。这样的去处，欧阳修自然不会错过。

琅琊寺主持号为智仙，自不是凡夫的思维，一见欧阳修的气度，虽不曾见过，早已猜出九分，急施礼道："对面可是太守大人？"欧阳修回礼答："正是庐陵欧阳修。"

一问一答，早成知心。智仙知欧阳修志趣清雅，不会喜寺中人群熙攘之扰，立即引他出了山门。石阶周转，几经向上之后到了一处高崖。那里一亭凌空，俯有溪水明灭，仰有白云舒卷，远近草木参差，虫鸣鸟语交织如琴琶联奏。欧阳修拍手欢呼："真是个饮酒醉心的好地方。"马上布下酒菜，围坐相欢。直到天色向晚，欧阳修已是小有醉意。相陪之人，多是乌眉黑发，唯欧阳修因近来国事家事杂扰，白发满头，真似一年迈老翁，他随机笑道："此亭，醉翁亭也。"

从此，欧阳修偏爱此亭，常与宾朋在此饮酒赋诗，不醉不归。甚至处理公务也多在亭中，有诗曰："为政风流乐岁丰，每将公事了亭中。"这既反映了欧阳修对醉翁亭的喜爱，也表现了他为政的至简为上、从善如流。

山水有乐，亭台有欢。欧阳修心情大畅，才思奔涌，挥笔写下了千古名篇《醉翁亭记》：

环滁皆山也。其西南诸峰，林壑尤美，望之蔚然而深秀者，琅琊也。山行六七里，渐闻水声潺潺而泻出于两峰之间者，酿泉也。峰回路转，有亭翼然临于泉上者，醉翁亭也。作亭者谁？山之僧智仙也。名之者谁？太守自谓也。太守与客来饮于此，饮少辄醉，而年又最高，故自号曰醉翁也。醉翁之意不在酒，在乎山水之间也。山水之乐，得之心而寓之酒也。

若夫日出而林霏开，云归而岩穴暝，晦明变化者，山间之朝暮也。野芳发而幽香，佳木秀而繁阴，风霜高洁，水落而石出者，山间之四时也。朝而往，暮而归，四时之景不同，而乐亦无穷也。

至于负者歌于途，行者休于树，前者呼，后者应，伛偻提携，往来而不绝者，滁人游也。临溪而渔，溪深而鱼肥。酿泉为酒，泉香而酒洌；山肴野蔌，杂然而前陈者，太守宴也。宴酣之乐，非丝非竹，射者中，弈者胜，觥筹交错，起坐而喧哗者，众宾欢也。苍颜白发，颓然乎其间者，太守醉也。

已而夕阳在山，人影散乱，太守归而宾客从也。树林阴翳，鸣声上下，游人去而禽鸟乐也。然而禽鸟知山林之乐，而不知人之乐；人知从太守游而乐，而不知太守之乐其乐也。醉能同其乐，醒能述以文者，太守也。太守谓谁？庐陵欧阳修也。

酒，清澈如水；文雅似月，任你坛罐杯碗里盛，任你方方圆圆里装，凉也好，热也罢，都是一样的纯净，可谁又知了其高深，谁又懂了其醒醉？权贵也罢，凡夫也罢，酒都相待如一。但，只有知音才知其真味，才解得了个中真意。看似素净的酒，遇庸俗则为水，遇知己才真正为酒。可酒史两千年，谁是真正的酒的知音呢？李白的"斗酒诗百篇"的确是一种豪放，但我觉得欧阳修的醉意更具人文品德。

　　欧阳修知醉知醒，出入自在。"醉能同其乐，醒能述以文"，这不是小醉小醒。醉于山水，醒于江山，真是难得的酒的大知音。

　　《醉翁亭记》写成之后，琅琊寺主持智仙看后大喜，请人勒石刻碑，立于亭前。一时间文章与凉亭相互映照，名动南北，各地人众纷至沓来，观亭赏文，并求取《醉翁亭记》的碑石拓片。因为拓印碑文需要毡布来打碑，以致琅琊寺中的毡布全用完了，最后不得不将和尚睡觉的毡皮也用上。

　　《醉翁亭记》的碑文拓片热传于世，贵如金银，成为重要的礼物赠送好友亲朋，而商人遇到征收税赋，竟然可以以此相抵。多年之后，古琴高手沈遵为《醉翁亭记》陶醉，不顾千里艰险，特意到了琅琊山，登亭听泉抚琴，谱就了音律绝伦的《醉翁操》，一时成为琴中上曲。怎奈当时欧阳修已经离任滁州，沈遵为没能亲自为他弹奏深感遗憾。虽有几次机会，却又都错过。好在苍天不负真诚，又五年之后，沈遵与出使契丹的欧阳修在路上相遇。沈遵以酒洗琴，抚弹《醉翁操》。琴声如泉鸣如风叹如鸟语，时有阳光穿林，时有月色洗地，只听得欧阳修满脸热泪，好似梦回琅琊，当即写下了《醉翁辞》。限于当时差务急促，而欧阳修和沈遵也没多想，虽然辞、曲都美，却不能两两相和传唱。时光匆匆，两人相继辞世，再也没有音律的交集，可谓遗憾。好在曾经拜沈遵为师的庐山道士崔闲念念不忘此事，终于求得机会请苏轼为《醉翁操》填了词：

琅然，清圆，谁弹？响空山。无言，唯有醉翁知其天。月明风露娟娟。人未眠，荷蒉过山前。曰有心哉！此弦。醉翁啸咏，声如流泉。醉翁去后，空有朝吟夜怨。山有时而童巅，水有时而回川，思翁无岁年，翁今为飞仙，此曲在人间，试听徽外两三弦。

曲词终于相配，弹唱两相宜。三十年后，两个人的弟子圆满了珠联璧合的佳事，也算是另一种天定机缘。

吹我还醒然

亭，山色水光中的点睛之美，古代文人尤为偏爱，因此，风格各异的名亭遍布神州，而亭间佳话也风流千古。大家熟知的有湖南长沙岳麓山的爱晚亭，有北京的陶然亭，苏州的沧浪亭，还有越王勾践种兰、王羲之饮酒赋诗之地，写下书法极品《兰亭序》的绍兴兰亭，杭州西湖中的湖心亭等等，多有文墨之香。

当然，杭州还有一亭，为世人所爱，但每每念及，心情多有沉重，那就是南宋抗金名将遇害的风波亭。风波亭虽然不着诗词，但那气血之虹，光耀人心。亭，通透四方，为光明之所在，昏君佞臣选此地杀害岳飞，原是为了昭示自己没有苟私之心，以"停"风波。但其阴谋却恰恰被世人看了个透彻。风波千年，何时有"停"？人们临亭怀思，无不想起那首《满江红》。民族之志，就是千年依然的大芬芳。当然，为纪念岳飞，杭州又另修一亭，取岳飞"经年尘土满征衣，特地寻芳上翠微，好山好水看不足，马蹄催趁月明归"的诗意，而在飞来峰筑就的翠微亭。武将之魂，又归诗意之亭，终算安然。

杭州之美，有天堂之誉，而这三亭，却很难让人有一个和谐的好心境。烟雨江南，也不是尽善尽美的诗意。当然我并没有和杭州有丝毫生分的意思，每次到达，都流连忘返，但总有那一亭风波，让我沉思感叹。

滁州也有三亭，大家首先想到的自然是醉翁亭。是的，不管是什么十大古亭,还是四大名亭,醉翁亭都名列其中,而且誉为"天下第一亭"。欧阳修一贬,造就了文学经典;欧阳修一醉,成就了天下名亭。历史对错,实在让人在摇头与点头之间感叹。

说起来,滁州也绝非三亭五亭,既然说这第一亭和欧阳修有如此的关系,而另外两亭自然和欧阳修也多有牵连,似乎关系更紧密些。

欧阳修初上琅琊山,独爱醉翁亭,邀朋宴客多在亭中,后来发现亭边的醴泉之水,不仅清冽甘甜,而且泡茶茶香,饮后思绪明彻;研墨墨香,挥笔文如泉涌。传《醉翁亭记》就是用此泉水沏茶泡笔之神作。此后,欧阳修在府衙或家中邀约朋友,总是叫仆从到醴泉取水。那一天,几位好友又约,因为前天刚刚登了琅琊山,不想再去爬山,就在家中小聚。欧阳修就让仆从又去醴泉取水。着实不错,水取回的时候,宾客们刚刚到齐,正好泡茶。待茶上了桌,众人饮罢都说好喝,欧阳修却说:"此水,非醴泉之水也。"仆人本想蒙混过关,没想到欧阳修如此明察,立时就面红耳赤了,但他深知主人不是严苛之人,马上就说出了实情。

原来他在回来的路上,不小心一脚绊翻在地,泉水就洒了个精光。仆人悔恨不迭,慌忙回头上山,跑了几步又感觉不妥,如此周折一番,怕错过了大家聚会的时间。正好不远处的石隙有一股细流缓缓而下,仆人急忙接了那水。

水有清浊,水分甜苦。可细细来品,不仅仅是这么简单的清浊甜苦之分,苦也有厚薄诸多,甜也分深浅不一。那水,真的比醴泉的还甜过几分。第二天,欧阳修便让那仆人引他到了取水的地方,他们顺小溪向上探寻,在一片幽谷里找到了泉源。他见这里景色优美,不输琅琊,心中很是欢喜。如此胜地,怎能独有我乐,何不让大家都来欣赏呢?他便在泉边建了一座凉亭。这就是三亭又一亭,丰乐亭。欧阳不仅题为丰乐亭,并作《丰乐亭记》:

修既治滁之明年,夏,始饮滁水而甘。问诸滁人,得于州南百步之远。

其上则丰山，耸然而特立；下则幽谷，窈然而深藏；中有清泉，滃然而仰出。俯仰左右，顾而乐之。于是疏泉凿石，辟地以为亭，而与滁人往游其间。

滁于五代干戈之际，用武之地也。昔太祖皇帝，尝以周师破李景兵十五万于清流山下，生擒其皇甫辉、姚凤于滁东门之外，遂以平滁。修尝考其山川，按其图记，升高以望清流之关，欲求辉、凤就擒之所。而故老皆无在也，盖天下之平久矣。自唐失其政，海内分裂，豪杰并起而争，所在为敌国者，何可胜数？及宋受天命，圣人出而四海一。向之凭恃险阻，铲削消磨，百年之间，漠然徒见山高而水清。欲问其事，而遗老尽矣！今滁介于江淮之间，舟车商贾、四方宾客之所不至。民生不见外事，而安于畎亩衣食，以乐生送死。而孰知上之功德，休养生息，涵煦百年之深也！

修之来此，乐其地僻而事简，又爱其俗之安闲。既得斯泉于山谷之间，乃日与滁人仰而望山，俯而听泉。掇幽芳而荫乔木，风霜冰雪，刻露清秀，四时之景，无不可爱。又幸其民乐其岁物之丰成，而喜与予游也，因为本其山川，道其风俗之美，使民知所以安此丰年之乐者，幸生无事之时也。

夫宣上恩德，以与民共乐，刺史之事也。遂书以名其亭焉。

丰者，茂盛，丰富。欧阳修向来倡求与民同乐，丰乐亭，众人欢乐，收获更多快乐之地，当也是表达了他的这一意诣。而又依了丰山之名，也是顺应民意。

滁州，难说有多美的酒，也难说有多美的景，而让欧阳修如此沉醉是因为什么呢？其实一切并不重要，有品清水就可为美酒，有心寸草便可是美景。这座朴实得有些贫穷的小城，让欧阳修一下子悟了，依自然，归民心，彻底融入其中。无我，才有大自在，才有大欢乐。

"人知从太守游而乐，而不知太守之乐其乐也。"谁知其乐，谁懂其醒呢？

醉翁亭也好，丰乐亭也罢，都是与民同乐的场所，欧阳修不能只在这喧嚣之中醉而忘归，他也需要更深层次的思索。于是，在距丰乐亭几百米的地方，欧阳修又建起了一座亭子，也就是这里的第三座亭子。亭子建得很简单，而且没有像丰乐亭那样集奇石加以烘托，也没有遍植花卉来映衬，四周的景色也毫无奇妙之处，所以，这样一个平淡的地方，自然也就少有人来，但欧阳修却偏爱这里，常常独自来到亭中，不饮酒不赋诗，只是临风而坐，或是眯目浅卧。

这让许多人对这个愿与民同乐的太守有些不解了。谁懂呢？

他懂，他来了。

曾巩来了，这位对欧阳修的文章人品都非常尊崇的年轻人，特意来到滁州。欧阳修见到曾巩非常高兴，领他游了醉翁亭、丰乐亭，其间，多位友人相陪，前呼后拥，诗词唱和，好不热闹。最后，又单独和曾巩来到了第三座亭子，无诗无酒，不茶不棋，只是默然清坐。临下山，欧阳修问曾巩可有什么特别的想法，能否为这个亭子写篇记。曾巩恍然大悟，怪不得欧阳修偏爱此亭。醉，不是目的，醒，才是根本。回到驿馆，曾巩感慨万千，夜至三更也毫无困意，于是挥笔写下了《醒心亭记》：

滁州之西南，泉水之涯，欧阳公作州之二年，构亭曰"丰乐"，自为记，以见其名义。既又直丰乐之东几百步，得山之高，构亭曰"醒心"，使巩记之。

凡公与州之宾客者游焉，则必即丰乐以饮。或醉且劳矣，则必即醒心而望，以见夫群山之相环，云烟之相滋，旷野之无穷，草树众而泉石嘉，使目新乎其所睹，耳新乎其所闻，则其心洒然而醒，更欲久而忘归也，故即其所以然而为名，取韩子退之《北湖》之诗云。噫！其可谓善取乐于山泉之间，而名之以见其实，又善者矣。

虽然，公之作乐，吾能言之，吾君优游而无为于上，吾民给足而无憾于下。天下之学者，皆为才且良；夷狄鸟兽草木之生者，皆得其宜，公乐也。一山之隅，一泉之旁，岂公乐哉？乃公所寄意于此也。

　　若公之贤，韩子殁数百年而始有之。今同游之宾客，尚未知公之难遇也。后百千年，有慕公之为人而览公之迹，思欲见之，有不可及之叹，然后知公之难遇也。则凡同游于此者，其可不喜且幸欤！而巩也，又得以文词托名于公文之次，其又不喜且幸欤！

　　一山一水，怎能就是先生的欢乐全部呢？他只是将自己的理想寄寓这山水之间。只可叹往来的人众，少有人知先生的心。千百年后，人们仰慕追思先生，才会明白先生是一个难得的大家，一个知醉知醒的人。

　　其实欧阳修早在《题滁州醉翁亭》中就写道：

野鸟窥我醉，溪云留我眠。
山花徒能笑，不解与我言。
唯有岩风来，吹我还醒然。

　　飞鸟流云，山花野草，只看到我醉，只有风知道，我求的是醒。

　　醉在身，醒在心，醉醒之间有乐，这就是欧阳修。知其醉者是身边的三五随从，见其乐者是周围的人众，懂其醒者又有几人呢？醉翁亭位列万千亭台之首，丰乐亭也多有人知，醒心亭却少有人了解，也难见有关文字。可见人们只知道沉醉，纵情狂欢，不会把握酒的机锋，也就丑态百出，成了酒的奴隶。不懂得醒心，美酒又何在呢？纵是狂饮千杯，不过也就似喝了些索然无味的水罢了。

　　一醉一醒，亦醉亦醒，醉醒自如，这才是人生。

　　欧阳修作为一个在滁州任上短短几年的外地人，其名声之隆力压当地的近代文学大家吴敬梓，实在是因为那一醉。据说现在人们去滁州追寻的还多是醉翁亭，而醒心亭几乎没人寻问，真是可惜了欧阳修那更具核心价值的那一醒。若是有缘，还是到那里坐坐为好，哪怕只在那风中站一站，读一读曾巩的文字。有心，真的有美景。

山色有无中

欧阳修一生浮沉，颠簸各地，足迹所到之处，无不留下锦绣的人文景观。我常常想，若他当年也能就任于我的老家，该有多好啊，那倒不是说我的老家就可以有了傍依名人的旅游胜地，而是说我可以就近更真切地品读欧阳修，或可以在碑石中抚摸到他更深刻的灵魂。当然，相对于他如花的洛阳，我更喜欢他如酒的滁州。要来，就在滁州之后来吧，虽然我不喝酒，不懂得醉与醒，一个只知道三餐有麦香就是福的俗人，但我却喜欢那酒香，闻一闻，就是天上人间。

庆历八年（1048），欧阳修终于离任滁州了，当然不是前往我的老家，而是去了扬州。

滁州，让欧阳修浸润了一身酒香，得醉醒之悟，写就无数诗文佳作，这样的入心之城自是依依难别，可圣命难违，不得不前往扬州。还好，那时是农历二月，因为那年闰正月，四野已是春光一片，欧阳修却无心观赏，强压住不舍之情，装着若无其事的样子和大家挥手告别：

花光浓烂柳轻明，酌酒花前送我行。

我亦且如常日醉，莫教弦管作离声。

——《别滁》

欧阳修不舍滁州，滁州更不舍欧阳修，官民列队挥别，泪眼相送。此时我不仅想起了李白的那首诗，也想起了《烟花三月下扬州》那首现代歌曲：

二十四桥明月夜，牵挂在扬州／扬州城有没有我这样的好朋友／扬州城有没有人为你分担忧和愁／扬州城有没有我这样的知心人／扬州城有没有人和你风雨同舟／烟花三月是折不断的柳／梦里江南，是喝不完的酒／等到那孤帆远影碧空尽／才知道思念总比那西湖瘦……

悠然乐曲，不尽词意，让走的人，让送的人，心都一起软了。

扬州有着"淮左名都，竹西佳处"之称，自古为物华天宝之地，人杰地灵之城。汉代以来，可谓一路繁荣，文人墨客风骚代代，名胜古迹更是星罗棋布，其财富鼎盛时期冠领东方，而这般繁华依然掩不住那副铮铮风骨，临刑前淡然操琴的嵇康，一曲《广陵散》的古弦激越千古，还有姜夔那读碎人心的《扬州慢》。

二月二十二日，欧阳修到达扬州。从偏僻的滁州小城，来到繁华的大州郡，政事自然多了许多，虽然欧阳修依然采取宽简政治，"不为苛急，不为繁碎"，但还是公务不断。他毕竟是一个诗心之人，稍有空闲便要和朋友们一起去游玩的，只是扬州的名胜实在太多了，有些目不暇接的感觉。欧阳修最爱的去处是建于南朝大明年间的大明寺，这里得蜀冈之高，放眼四望，山川美景尽收眼底。欧阳修极为喜欢这里的幽静古雅，特在大明寺的西南筑一亭堂。凭堂而坐，远近诸山似于栏杆平齐，故而命名为平山堂。堂前古藤盘错，芭蕉丰美，近有"春来玉乳香"的天下第五泉。欧阳修又亲自栽下一棵柳树，引领四季。后人称为欧公柳。多年之后，欧阳修送别刘敞时曾写道：

平山栏槛倚晴空，山色有无中。手种堂前杨柳，别来几度春风？文章太守，挥毫万字，一饮千钟。行乐直须年少，樽前看取衰翁。

——《朝中措》

词中的"堂前杨柳"，指的就是这棵柳树。后来欧阳修的弟子苏轼也曾多次来到平山堂，那句"凭吊文章太守，仍歌杨柳春风。"也是看到堂前这棵柳树，勾起对恩师的无限怀念。

相传后来有一个叫薛嗣昌的人来扬州做官，也种下了一棵柳树，竟然附庸风雅地称为"薛公柳"，为世人所不屑。待他离任的当天，就被人劈砍了，碎成烧柴，成为当时的笑谈。

扬州本就是名人荟萃之地，一时间平山堂高朋满座，成为文人佳客相约的去处，诗酒琴棋，满堂雅趣，天下笔墨之士无不视至此一聚为幸事。宋人叶梦得《避暑录话》载：

"欧阳文忠公在扬州作平山堂……公每于暑时，辄凌晨携客往游，遣人走邵伯湖，取荷花千余朵，以画盆分插百许盆，与客相间。酒行，即遣妓取一花传客，以次摘其叶，尽处则饮酒，往往侵夜载月而归。"

对于扬州的这段日子，欧阳修也是非常怀恋，为那愉快的旧事而激动，也为那短暂的时光而遗憾：

千里芙蕖盖水平，扬州太守旧多情。

画盆围处花光合，红袖传来酒令行。

舞踏落晖留醉客，歌迟檀板换新声。

如今寂寞西湖上，雨后无人看落英。

——《答通判吕太博》

历代名人大家对平山堂的盛事多有追怀。宋代苏门六君子之一的秦观有诗赞美："栋宇高开古寺间，尽收佳处入雕栏。山浮海上青螺远，天转江南碧玉宽。雨槛幽花滋浅小，风卮清酒涨微澜。游人若论登临美，须作淮东第一观。"清代书法家伊秉绶撰联道："过江诸山到此堂下，太守之宴与众宾欢"。上联说诸山不过是堂前客，喻欧阳修心胸高阔；下联更是说与民同乐的风格情操在扬州的发扬继续。而光绪年间两江总督刘坤题写的"风流宛在"的匾额，更是别有意趣。流字缺点，落于在字，小小的异变，意思为欧阳公的风流之韵，虽历千年今天尤在。正如乾隆的诗中所写："必有真能被民泽，不然何以至今称。"欧阳修与文政之间，果然是有"真能"的。

平山堂其实并不高大，就是与左近的大明寺的一些殿堂相比，也无法说高，蜀冈其实也没有多少海拔，何以能言说"远山来与此堂平"？当然不在堂，不在冈，而是"以不高见其高"，"忠义满朝廷，功德满天下"的主人。

高山能多高？高不过平山堂。权贵能多高？不值得我仰头看。一个立于高远、不媚不俗的"文章太守"，似乎一直站在扬州那座小小的蜀山之上，看千山烟雨。

风景，不在眼中，高低有无，尽在心。

声杂雨荷干

人常说:"衣不如新,人不如故。"身处扬州的美景里,欧阳修总会想起那些故交老友,特别洛阳时的那些兄弟,夜阑人静更是情怀澎湃,常以诗文相唤远方。还好,梅尧臣来了,解了欧阳修心中诸多想念之苦,两人以酒为乐,凭山不言高,好不快意。怎奈相聚太过短暂,心中多有不舍,但公务在身,只好再约。中秋的时候,两人再聚扬州,共品二十四桥明月,赋诗饮酒,真是难得的一段安逸幸福的日子。言谈之中,都念起苏舜钦,只是路途遥遥不能前来,实在是一种遗憾。

时光再美,终要过去,转眼间又要分别。少年时的别离也许不曾在意,如今岁在中年,便多了许多的伤情:

离合二十年,乖暌多聚集。
常时饮酒别,今别辄饮泣。
君曰吾老矣,不觉两袖湿。
我年虽少君,白发已揖揖。
——《别后奉寄圣俞二十五史》

几次相约，苏舜钦都不曾来。早在滁州的时候，欧阳修曾写就一篇文字寄给苏舜钦：

月从海底来，行上天东南。正当天中时，下照千丈潭。潭心无风月不动，倒影射入紫石岩。月光水洁石莹净，感此阴魄来中潜。自从月入此石中，天有两曜分为三。清光万古不磨灭，天地至宝难藏缄。天公呼雷公，夜持巨斧隳崭岩，隳此一片落千仞，皎然寒镜在玉奁。虾蟆白兔走天上，空留桂影犹杉杉。景山得之惜不得，赠我意与千金兼。自云每到月满时，石在暗室光出檐。大哉天地间，万怪难悉谈。嗟予不度量，每事思穷探。欲将两耳目所及，而与造化争毫纤。煌煌三辰行，日月尤尊严。若令下与物为比，扰扰万类将谁瞻？不然此石竟何物，有口欲说嗟如钳。吾奇苏子胸，罗列万象中包含。不惟胸宽胆亦大，屡出言语惊愚凡。自吾得此石，未见苏子心怀惭。不经老匠先指决，有手谁敢施镌镵。呼工画石持寄似，幸子留意其无谦。

——《月石砚屏歌寄苏子美》

滁州，苏舜钦没来，来的是曾巩；扬州，苏舜钦没来，来的是梅尧臣。欧阳修对苏舜钦的思念更加强烈。终于，从遥远的苏州传来了消息。苏舜钦没有相约而来，他接到手的却是一张讣告。欧阳修不敢相信年仅四十一岁的苏舜钦就这样离去了，想想初遇京城，都是少年风物，激情映天，文字飞扬，而如今却是阴阳相隔，怎不让人潸然泪下：

哀哀子美，命止斯邪？小人之幸，君子之嗟！

苏舜钦的离去，让欧阳修又想起了前不久病故的尹洙。

欧阳修与尹洙皆因"朋党风波"被贬，两位志向相同的朋友虽然天各一方，但书信往来却更加频繁。壮年离世，格外让人伤怀，为了纪念这位好友，欧阳修便以尹洙的文风写就了《祭尹师鲁文》和《尹师鲁墓志铭》。然而，文章一出，本以为欧阳修与尹洙私交甚好，定当是溢美之词洋洋洒洒，不想语句竟然极其简洁，少有功绩褒扬，其门生和家人却一片哗然，大为不满。为此，他们另托韩琦写了一篇长长的墓表文，以表达对欧阳修的不满。

功过是非，不虚美，不假丑，求本真，这是欧阳修写就《新五代史》的根本原因。而为人处世，也立于这个基点。对于一个人的评价，不因是好朋友而罔顾事实尽遣锦绣词句，也不因是恶敌而乱涂黑白。

虽说欧阳修和石介并不算是诤友，但得知其死后被诬诈死，竟然要遭破棺验证之辱，悲愤难当：

> 我欲犯众怒，为子记此冤。
> 下纡冥冥忿，仰叫昭昭天。
> 书于苍翠石，立彼崔嵬颠！
> ——《重读徂徕集》

欧阳修不畏朝中佞臣的淫权，不怕牵连，特意写了墓志铭，为其一生俯仰荣辱事实盖棺定论。

多年之后，也就是皇祐四年（1052）五月二十日，范仲淹去世，其家人托欧阳修写神道碑铭。作为志同道合的同僚，他也当仁不让。范仲淹作为一代重臣，自与当代时势密不可分，一词一句不可偏颇。欧阳修反复权衡，斟酌日久，也没有动笔。虽然有人追问，他依然不敢草率，两年之后，才写就初稿。又经几位好友审视，才算改定。他在文中赞道：

公少有大节，于富贵、贫贱、毁誉、欢戚，不一动其心，而慨然有志于天下，常自诵曰："士当先天下之忧而忧，后天下之乐而乐也。"其事上遇人，一以自信，不择利害为趋舍。

关于宝元元年范仲淹被贬后重获重用，征伐西夏一段，欧阳修这样写道：

自公坐吕公贬，群士大夫各持二公曲直。吕公患之，凡直者皆为党，或坐窜逐。及吕公复相，公亦再起被用，于是二公欢然相约，戮力平贼。天下之士皆以此多二公，然朋党之论遂起而不能止。上既贤公可大用，故卒置群议而用之。

文中的意思是说范仲淹因"朋党事件"被罢贬，好友们也尽受牵连。而政敌吕夷简随后也被罢免了宰相。但西夏犯境之时，吕夷简再次出任宰相，竟然起用了范仲淹。范仲淹与吕夷简握手言和，一起应对外患。因此，两人得到世人的称赞。

不以私我为仇，以国家要务为重，恰恰是表现了范仲淹为天下的大我胸怀，是极大的褒奖。

不想就是这段文字，让好友富弼及其家人大为不满。他们认为与政敌摒弃前嫌是一种耻辱，是对范仲淹的嘲讽。多次托人要求欧阳修删改这段文字，他都很坚决地拒绝了，他说自己也是深受吕夷简所伤，但不能因此就不顾真相，胡乱编造，传错谬于晚辈，遗荒唐于后世。他在给富弼的回信中写道：

谕及富公言《范文正公神道碑》事，当时在颍，已共详定，如此为允。述吕公事，于范公见德量包宇宙，忠义先国家。于吕公事各纪实，则万世取信。非如两仇相讼，各过其实，使后世不信，以为偏辞也。大抵某之碑，无情之语平；富之志，嫉恶之心胜。后世得此二文虽不同，以此推之，亦不足怪也……幸为一一白富公，如必要换，则请他别命人作尔。

而对于范仲淹的儿子再次请求修改碑文一事，欧阳修很生气，其父范仲淹和吕夷简和好大家都知道，而你却这般纠结实在是不明事理，便以长辈的口气回道：

此吾所目击，公等少年，何从知之？

虽说范仲淹三次遭受重贬，都与吕夷简有关，虽然多有劝辩，范仲淹的家人还是不能接受，自行将这篇神道碑文中牵扯到吕夷简的二十多个字删去了。欧阳修听说后，非常气愤："非吾文也！"

公正则明，耿直才真，这就是磊落如山的欧阳修。于敌于友，都是一片公心。至和二年（1055）陈执中因家中女仆命案被罢去宰相。对于这个几欲置他于死地，互不往来的政敌，也毫无浊黑之词的论述，而是很诚恳地写道：

杜门绝清，善避权势以远嫌；处事执心，不为毁誉而更守。

陈执中看后，大为惊讶，认为就算是至交好友，也没人能像欧阳修这样将他看得这般透彻清明，并后悔只以政见相恶，没有早一天认真地了解欧阳修。

以好恶论时光，只能云雾一时；以清正说日月，才能光耀千古。

听其言，观其行，自得人心。欧阳修立于文史，不必多言，应当。

应恨我来迟

扬州，好城，不乏诗酒花，是一个可以求醉的地方，只是繁华的喧嚣却不宜欧阳修，那些浮浪的唱和，少有出于真心，这不是他的人品本色。再者，他不是洛阳的少年，可以尽情狂饮年华。四十，不惑的年纪，深知时光的匆忙，而伤病的日渐纠缠，让他时有慌恐，更何况《新五代史》的修修补补已有些年头，他需要一些宁静的日夜，打理这些文字。

滁州的醉，让欧阳修深悟了醒，他几次上书皇帝，说精力衰退，料理不了扬州的繁荣，只求一小州小郡的简单。

宋仁宗虽然几次罢贬欧阳修，但多不是重手相摧，都有回旋余地，特别是随着自己心性的成熟，对于欧阳修还似有偏爱，每遇欧阳修的请求，绝少言语斥责。这次，他也很快回复了诏令。皇祐元年（1049）正月十三日，欧阳修改任颍州。

颍州，听一听这名字，就让人喜欢，定是一个灵透精致的小城。果然，水有"十里碧琉璃"的西湖，人有纯朴而不愚拙的民众。在地理上，颍州不南不北；于东京汴梁，不远不近。即不在要冲，又不闭塞荒薄，正是合了欧阳修本心的恬静之地。刚到颍州，就难掩心中的激动，他在诗中写道：

> 平湖十倾碧琉璃，四面清阴乍合时。
> 柳絮已将春去远，海棠应恨我来迟。
> 啼禽似与游人语，明月闲撑野艇随。
> 每到最佳堪乐处，却思君共把芳卮。
> ——《初至颍州西湖种瑞莲黄杨寄淮南转运吕度支发》

虽是柳絮将春色送远，海棠花落，但欧阳修却是一片明快的心境，只是叹息自己若能早来几日就好了。谁知，写在撷芳亭上的一句"海棠应恨我来迟"，却又惹了一段风流艳事。说是欧阳修被贬滁州时，曾经路过颍州，小住一日。酒席之间认识了一位冰雪聪明的歌伎，几乎能唱吟欧阳修的所有诗词。欧阳修便与她相约，说日后定来此就任。任滁州，转扬州，时光匆匆过去了多年。如今，欧阳修真的做了颍州的知州。而那个歌伎却不知花落何处，欧阳修非常失望，遂成此诗。

这般的情怀文字，多在古人的诗词中出现，比如崔护的那首《题都城南庄》：

> 去年今日此门中，人面桃花相映红。
> 人面不知何处去，桃花依旧笑春风。

后人也为此罗织出来一段艳遇的佳话，只是多传于乡间，少有书卷文字记载。关于欧阳修的这段情事，他的弟子苏轼却有辩解，说欧阳修不过是虚借杜牧《怅别》中的情境，来丰富诗中的趣味。晚唐时期的诗人杜牧，曾经路遇一个女子，一见钟情，只是因种种原因，无奈相别。多年之后再到故地，却得知那位女子早已嫁做人妇，而且膝下已经有儿有女，杜牧失望之中写下了那首心意怅然的《怅别》：

　　　　　自是寻春去较迟，不须惆怅怨芳时。

　　　　　狂风落尽深红色，绿叶成荫子满枝。

　　这段诗话，不仅流传于坊间，似乎还有文字记载，为后人深信。

　　其实，诗人的相约，大多太风花雪月，谁愿意在虚无的诺言里枯守年华？诗词再美，与平素的烟火日子也毫不相宜，渴不可饮，饥不可食。凡俗的人多求米面衣被的人生，诗人多许满天的绚烂烟花，这怎么可能让人踏踏实实地等候？我有一位好友，曾与远方的女子诗词相恋。五年的时光里，书信往来，写尽梦如花开的文字，换来的不过是无果而终。再者，心怀文艺的人，最爱多情，一个背影、一串笑声，就成了他们情深深雨濛濛的伤感，这般失意的诗句，多是虚无，又怎可当了真？

　　如此想来，崔护也好，杜牧也罢，乃至欧阳修，诗意中表达的故事大致相同，也许真有这样的艳遇，也许只是臆想的意趣。前两位都以风流雅事来论，而到了欧阳修这里，却有他弟子等人，甚至今天的一些人众，也都替他辩成虚借的意趣，似乎认为一代宗师，文章千古，道德自应皇皇。看来"高大全"的名人塑造风潮，古已有之。

　　欧阳修是否有颍州的这段艳遇故事，真的有那么重要吗？想想洛阳的"金钗词"旧事，再有滑州夜送金钗的风流曾经，似乎是比较确凿的过往，少有争论的杂音。所以，颍州之事，也未必就是好事者的牵强附会。圣人再高，也是凡人之身，偶尔困于俗艳事件，也属常理。

　　《红楼梦》里有一幅对联，大家都很熟悉，曰：

　　　　　假作真时真亦假，无为有处有还无。

　　往事，从古争到今，真假难辨，有无难说。一千年了，还这样纠结，我倒是觉得我们想得太多了。或真，或假，欧阳修都是堂皇的存在，不是吗？

不能释然于一点儿艳俗之事，说来道去，却暴露了一种病癖的心态。做一个心中有月光的人，天地无不皎皎。何不将"恨我来迟"，读作"我恨来迟"呢？这样静美的小城，幽雅的西湖，毕竟是欧阳修一直念想的。

"恨来迟"的，不仅是美景，还有人。颍州不仅民心朴素，更重要的是竟然还有刘敞等几位旧友。更让欧阳修感觉结识晚了的，是吕公著。吕公著，是欧阳修的政敌吕夷简的三儿子，在他的心性里，当是父子同道，难以为友。想不到的是，吕公著为人温良真诚，淡泊权贵，胸有诗文，是一个颇有上进心的年轻人。两人心扉大开，都不因吕夷简而心生嫌隙，很有相见恨晚之感。

旧友刘敞，新朋吕公著、王回等人，颍州的欧阳修又聚起一片诗文的天地。他们楼台听雨，小桥捡雪，舟上追月，好不惬意。为了大家有一个更好的相约去处，欧阳修又特地建了一处聚星堂。一时间，相聚朝暮，探究文字，同题赋诗，成为颍州的盛景。他的弟子苏轼后来也曾写诗，再现当时的盛会：

> 窗前暗响鸣枯叶，龙公试手行初雪。
> 映空先集疑有无，作态斜飞正愁绝。
> 众宾起舞风竹乱，老守先醉霜松折。
> 恨无翠袖点横斜，只有微灯照明灭。
> ——苏轼《聚星堂雪》

这里的"恨无翠袖点横斜"，是说遗憾没有歌伎侍酒弄舞，似有为老师辩白的意思，但更有"此地无银"的味道，总会让人又想起那个不知何处去的歌伎。这里，我又纠结那点儿旧事，也是心性不太灿烂的吧？我原本就是一个俗人，不时泛起些俗念，也是意料之中的，也不求谁人原谅。

颍州的文人雅集，欧阳修又创新趣，建议"玉、月、梨、梅、练、絮、白、舞、鹅、鹤、银等事，皆请勿用。"以提高写诗的难度和竞争性。大家为这样的情趣所吸引，争相参加，写出了大量的诗作，很快编成一本集子。人们为一赏个中情趣，纷纷求购。那种写作方式被苏轼称为"欧阳体"、"白战体"，成为当时的文人雅士聚会时颇为流行的赋诗玩法。

诗人的兴会，并没有让欧阳修荒废了政务，时任一方，就要尽心尽力，上任颍州，他发现这里的水多集中南方的焦陂，其他地方没有或少有像样的沟塘，可以说涝无可排，旱无可灌，是一个很大的隐患。于是，他就带领百姓们疏浚河道，挖陂塘，筑堤堰，将水域连成一片。这样既可栽荷养藕，也利于农田灌溉。第二年，果然是春季大旱，各地一片焦土，而颍州因为有水可取，大大缓解了灾情。多年之后，欧阳修调任青州，还时常为自己富有远见的水利工程得意：

> 坐挚颜鬓日摧颓，及取新春归去来，
> 共载一舟浮野水，焦陂四面百花开。
> 　　　　　　　　——《忆焦陂》

欧阳修一生八次到颍州，约有百次泛舟焦陂，可见那里的风光之美。这当然也是"恨来迟"的一个重要原因吧？然而在这里，他目睹了不合理的规制的刻薄，愤然写下了《食糟民》，表达了对百姓们恶劣生存环境的同情，发出了善待百姓，谋福天下的呐喊。

爱民忧民，百姓何不又"恨他来迟"呢？

再牵挂于百姓，毕竟颍州是一个小巧之城，政务终是闲逸，这让他有时间重新将《新五代史》的书稿翻出来，静静地整理。在任一年有余，后又两年闲居，《新五代史》基本完成于颍州。这，又当是我"恨来迟"吧？或许早一天到达颍州，这部堪比《史记》，史料与文学并重的皇皇巨著，会更早一天成册问世吧？

最初一声迟了的感叹，不管引多少联想，却不想再错过。在欧阳修的文字中，涉猎颍州的诗词，竟然多达百首。不管有没有相约，却是终老之情，真爱怎不是颍州?

清明也绝伦

有心相约,却无缘相守,实在是遗憾。于人于山水,都是如此。年华里,总有一份心仪,若是一约就成地久天长,那是多大的福。错过,似乎更多。

欧阳修南南北北地周折,交集过无数的山山水水。颍州,也能说是美,可毕竟没有多么卓越的风景,但他却喜欢得那么真挚。不管多喜爱,却还是要离开,这不,皇帝的诏令又来了,他又将调任应天府。惜别颍州,让欧阳修深感遗憾,心中充满无限怅惘:

西湖南北烟波阔,风里丝簧声韵咽。
舞余裙带绿双垂,酒入香腮红一抹。
杯深不觉琉璃滑,贪看六幺花十八。
明朝车马各西东,惆怅画桥风与月。

——《玉楼春》

但这次相别,欧阳修却有了很明确的相约,他曾在给梅尧臣的信中写道:"行当买田清颍上,与子相伴把锄犁。"(《寄圣俞》)。颍州,终是要回的,不光自己要购置田宅,还邀好友一起归隐这里。视为上上之选的终老之地,可见他对颍州有多倾心？想想，入了心就是最美，真的不必多说什么。

诗人终于有了一个明朗的诺言，真是难得，日后又践言践行于颍州，果然是真爱。

应天府的治所在南京，也就是现在的河南商丘。欧阳修刚刚到任，官吏们告诉他这里的五郎庙很有灵气。新官上任如果不拜祭，就会引来灾祸，为害一方。欧阳修对于这些妖魔之说从不上心，毫不理会他们的劝告。不承想没过几天，他常常使用的一双筷子竟然到了神像手上。一时间，谣言四起，说是欧阳修对神灵不敬，神灵不光要夺去他的饭碗，百姓们也将遭殃。

很多的官员一遇到这样的事，也就怕了。而欧阳修明白这绝非神仙显灵，不过是一些人装神弄鬼的勾当而已。他一边将跑到衙门闹事的群众劝走，一边命人将五郎庙锁了起来，贴上封条，并严令若擅自开门将一律问罪。

对于欧阳修的举动，一些人感觉他这是要惹大祸，都在等着看他被神灵惩罚。可一切祸事都没有发生，南京城竟然要风得风，要雨得雨，诸事皆顺，光影是那么的美好。

诸邪不浸清正之身。应天府的人们由此断定，欧阳修是大富大贵之人，镇住了那些邪恶之气，从此对他膜拜有加。

元代文学家王冕有诗曰：

> 吾家洗砚池边树，个个花开淡墨痕。
> 不要人夸好颜色，只留清气满乾坤。
>
> ——《墨梅》

立身清正，何来妖邪？心朗朗，自能荡皓皓乾坤。

欧阳修一生处世为人，从不藏半点儿私我之心。当时的应天府，为宋朝著名的文化、经济、军事重镇，王公大臣多有居住和往来，他从不阿谀奉承，谋取权贵的依附，而通达朝廷。高低的交往，穷富的应酬，都善来善往，一律同样相待。当时闲居南京的杜衍，可说是废官在家，年事又高，可他却丝毫没有嫌弃之情，而是非常敬重，常常登门拜访。交人在心，敬人在品，只求同道中人，不求互利私党。说来梅尧臣官场奔波，虽有才华在身，只是沉沦于底层，受尽了世态炎凉，而欧阳修却一直牵挂在心。当他听说梅尧臣因父亲去世，耗尽了家中的一点儿薄财，又因守孝两年，日子更加艰难，他急忙派人送去钱粮，聊以资助。后来欧阳修步步高升，名震朝野，他依然不舍这份友情，常常躬身梅家寒酸的府邸，并且时不时相邀家中，待为上宾。

洛阳偶遇，二十年时光颠簸，初情依然，实在难得的清明之心，梅尧臣为有这份挚友之情深感欣慰和幸福，他在诗中赞道：

生平四海内，有始鲜有终。

唯公一荣悴，不愧古人风。

——梅尧臣《涡口得双鳜鱼怀永叔》

欧阳修曾经写过一首诗，激昂的文字是对郁郁不得志的好友的赞扬，也是对磊磊心性的自我呼唤和鞭策：

庐山高哉几千仞兮，根盘几百里，峨然屹立乎长江。

长江西来走其下，是为扬澜、左蠡兮，洪涛巨浪日夕相冲撞。

云消风止冰镜净，泊舟登岸而望远兮，上摩青苍以晻霭，下压后土之鸿宠。

试往造乎其间兮，攀缘石磴窥空谼。千崖万壑响松桧，悬崖巨石飞流淙。

水声聒聒乱人耳，六月飞霜洒石矼。

仙翁释子亦往往而逢兮，吾尝恶其学纪而言哤。

但见丹霞翠壁远近映楼阁，晨钟暮鼓香霭罗幡幢。

幽花野草不知其名兮，风吹雾湿香涧谷，时有白鹤飞来双。

幽寻远去不可极，便欲绝世遗纷厖。

羡君买田筑室老其下，插秧成畴兮酿酒盈缸。

欲令浮岚暖翠千万状，坐卧常对乎轩窗，君怀磊砢有至宝，世俗不辨珉与玒。

策名为吏二十载，青衫白首困一邦。

宠荣声利不可以苟屈兮，自非清泉白石有深趣，其意兀硉何由降，

丈夫壮节似君少，嗟我欲说，安得巨笔如长杠。

——《庐山高赠同年刘中允归南康》

任你激流拍打，我自是巍然立地顶天；任人聒躁声声，也不过像六月的偶然的飞霜一样，扰不了我的心性。有壮怀激烈的丈夫品节，有手中长杆一样的巨笔写天下善恶，那些荣辱得失又算得了什么呢？铿锵的豪情纵贯首尾，泛出浑然一体的人生正气。

欧阳修抒情庐山之高，多少人都说欧阳修之正？想他初见曾巩就视为难得的才俊，乍见王安石，就赞其"后来谁与子争先？"；而布衣苏洵来访，他更是着力推荐。

欧阳修一生，舍命朝廷，倾情文字，呕心后学，可谓山高水阔。

人常说文人相轻，一代文学宗师，却有这般宽广的胸怀，真是无尚清明。记得文坛上有一对师徒，弟子初写文字时，师父大加赞赏，着力提携。当其声名日盛，大有遮盖师父光芒的时候，师父醋意顿生，极力贬斥，横加拦阻，甚至无端攻击。一段情，却成一段伤，实在让人感叹。

记得小时候听奶奶讲古，话说薛仁贵功成之后回乡寻妻，路遇一少年箭术之高，比自己有过之而无不及。如是少年一出，自己大唐第一神射的威名何以

为保？于是心声嫉意。恰一老虎来袭，薛仁贵以误杀为由头，将箭射向了那小小少年。

开卷之中，让人感叹的这般事例何止百十？如此说来，嫉妒心性，不在文武，只在个人胸怀。

读诸般世事，更知欧阳文忠。从史卷的扉页，到最后一行文字，难见其二，不必多说，这就够了。

欧阳修的母亲，虽然生于望族破落的年代，却不是一般的女子，年轻时倾尽心血，育儿成才。待得儿子事业渐顺，却不愿叨扰，执意独居一方。欧阳修深懂母亲的苦心，但母亲渐入高龄，身体渐显衰败，他好言相劝，坚决接到自己的府邸之中，扶持起居，照料冷暖。

再有孝心的儿女，也无法挽留时光不让父母老去。皇祐四年（1052），欧阳修的母亲病故，时年七十二岁。欧阳修悲恸欲绝，急向皇帝求假，以料理母亲的丧事。

对于母亲的灵柩，欧阳修曾想安葬在颍州，因为他已经将颍州视为归隐之地，并买了田宅，这样，每逢节令，更便于拜祭母亲。按照礼制，是应归葬老家吉州的，与父亲合葬。若是这样，父亲早年废妻弃子的旧事就将为众人所知，因为异母的哥哥，早将生母与父亲并骨。这，其实是欧阳修避讳的旧伤。再者，老家千里迢迢，日后上坟焚香也成了难事。

欧阳修好不犹豫，但他想到母亲一生游离四方，孤单半生，死后又怎可让她不与父亲牵手天国，再受寂寞？至于家中的旧事又算得了什么？欧阳修一生为人处世，力求本真，而为什么到了自己这里，又怎可以故意遮挡，粉饰家事呢？于是，欧阳修决定扶柩千里，将母亲归葬老家。

于文于政，欧阳修都朗朗在心，若孝悌之事犯了糊涂，也算不得真清明。母亲归葬乡里，当是大孝，只要心中有念想，千里万里也要祭拜，坟前几跪的叩拜，何又论多少？

墨不分浓淡

人这一生，任你怎样清正，可是百年奔波，披星戴月，跋山涉水，总是难免溅起三五浊泥斑迹，留给后人说遗憾。不过，我觉得，有遗憾才是世界，瑕不掩瑜就是完美。亿万我等，谁能做到纯白如一，洁净不二？问遍苍生，恐怕也寻不到答案。

有错，才是鲜活的人。

至和元年（1054）五月，朝廷再次传来圣旨，诏令欧阳修任职京城。一路仕途，起落沉浮，欧阳修已经厌倦了官场生活。特别是这两年在颍州为母亲守孝，小城清逸的日子让他非常受用，而身体的不适，更让他不时感叹，岁月匆匆，壮心已老，来日还有多少呢？真的不必贪恋那些浮华荣辱。

说，只是一种愿景，做，就要用心。这，就是欧阳修。尽管他再三请求外放，但还是被任命为朝中掌握中下级文官选拔和考察的权判流内铨。一旦上任，他立马又恢复了积极认真的工作状态。经过详细的调查，他发现朝中一有职缺，那些权贵子弟就利用各种手段，迅速补任，而那些通过科举等方式选拔出来的贫寒子弟，总是被阻挡在门外，只能一等再等。为此，欧阳修奏请皇上，应当合理地限制王公大臣子弟们为官的特权，让真正有德有才的人步入仕途。

这本是一个利国兴邦的好提议，却惹恼了那些以权谋为私的朝中小人，他们悄悄冒用欧阳修的名义写了一份奏折，通篇文字似箭尽指宦官。当时的宦官，可是红透朝堂内外的人物，很少有人敢说个二字。这下宦官们可将欧阳修恨之入骨了，他们与一些宵小朝臣勾连在一起，日夜寻机报复。终于，他们觅得了一个缝隙，乘机围攻欧阳修。

宦官弹劾，佞臣参奏，一时间风声鹤唳。宋仁宗见众怒炽烈，只好罢免了欧阳修。

这权判流内铨做了未达半月，如此稀里糊涂的公案，让欧阳修刚刚燃起的报国之志，又瞬间成为灰烟，心意寒凉的他，不觉又生出了退隐之心：

偷闲就朋友，笑语杂嘲咏。
……
何日早收身，江湖一渔艇。
——《还述怀》

还好，朝中毕竟还有有识之士，纷纷出来为欧阳修辩解。宋仁宗也感觉这事处理得太过唐突，也就以修《唐书》为由头，将欧阳修留任了京城。

帖子词，原本是翰林院侍臣献给宫中的吉祥曲调、太平赞歌。新春来临时节，欧阳修献给皇上的《春帖子词》二十首，却以春发万物为喻，力求皇上除弊革新。

阳进升君子，阴消退小人。
圣君面面治，布政法新春。
——《春帖子词二十首·皇帝合六首其一》

宋仁宗从这般以诗为谏的文字里，读到了一颗老臣忠正为国的心，从此，对欧阳修更多了几分宠信。时光明灭向前，欧阳修的政途，虽然依旧波折三五，终是步步向上，名声日隆。当时因年事渐高，欧阳修渐渐爱上了颐养心性的书法写作，虽然刻苦练习，却因眼视模糊，字总是写得不如意，为此他常常自嘲，并写诗自我安慰：

> 学书不觉夜，但怪西窗暗。
> 病目故已昏，墨不分浓淡。
> 人生不自知，劳苦殊无憾。
> 所得乃虚名，荣华俄顷暂。
> 岂止学书然，作铭聊自鉴。
> ——《学书二首》

眼神不好，字就要走了形，也正如欧阳修诗中所写，这倒算不了什么。若是心神一有闪失，总会留下遗憾。至和三年，就是欧阳修的心神一个闪失，害了一代良将，留下千古遗憾。

那年五月，各地连降暴雨，湖河堤坝溃崩，房倒屋塌，良田尽毁，大半江山一片汪洋，民不聊生。汴梁城也未逃厄运，官民府宅大都浸泡水中，难有栖身之所，日以凉饭为食，夜求木筏为床。如此百年不遇的大灾，朝野上下人心惶惶，都认为是惹了天怒，才遭受神灵如此重责。限于当时的思想不曾开化，信奉天命也在所难免。文武百官也把持不住了心脉，纷纷上书，满纸荒唐。欧阳修也一连上了两道奏章，《论水灾疏》和《再论水灾状》。他说"水灾至大，天谴至深，亦非一事之所致"。

这样的大祸灾，是和朝中不妥的几件事有关。

说来宋仁宗，自天圣元年（1023）执掌天下，已三十余年，可至今没立皇储。

这倒不是宋仁宗不想立太子，只是他的嫔妃们为他生下的三个儿子，虽然百般呵护，悉心抚养，却都相继夭折了。从那以后，后宫虽不时传来不喜之喜，生下的却都是公主。尽管金枝玉叶成立，但不能承袭皇位。可仁宗皇帝又不想把江山传给非亲生的后人，所以立太子一事就一拖再拖，仁宗也近五十岁了。在古代，不立太子，那可是有江山断续之患，国体不稳。

另外，至庆历新政失败以来，朝中尽为昏臣庸官把持，贤达之人多被埋没。

他建议皇上，应该尽快选一位小辈宗亲确立皇储，以顺天意；再者，要积极选用包拯、王安石、吕公著等贤达之人处理朝政，以顺民心。

这两条建议消不消天灾暂且不说，可对于江山社稷的确是不错的进言。然而，另有一条建议却大大出乎人们的意料。欧阳修说，这么大的雨水之灾，必须罢免狄青。

狄青，时为枢密使，是北宋著名的军事家。少小代兄受过，被脸上刺字入军。宋朝与西夏决战中，狄青一马当先，勇猛异常，历经二十余次大小战事，身受八处箭伤，屡立战功，名声大振，由普通一兵，步步晋升，终于任职朝中，成为枢密副使。狄青不仅作战骁勇，而且耿正忠直，深为宋仁宗赏识。后来，云南发生暴乱，皇帝几次派兵围剿，却屡屡被暴匪击溃。面对日益猖狂的匪患，朝中百官束手无策，仁宗皇上愁眉不展。此时狄青又一次站了出来，自告奋勇去平定了云南的内乱。宋仁宗大喜，赞道：国有面涅将军，天下太平。并准备再次擢升狄青。

狄青已经是副枢密使了，一个军人以战功位至如此高位，在以文人治国的北宋历史上，都是开了先河，再晋升，那可就到了宰相之职。为此，朝中大臣纷纷上书反对，但宋仁宗从诸多的日常细节中更加认定狄青是一个难得的忠臣，所以力排众议，诏命狄青为枢密使，成为最高的军事长官。

狄青身任枢密使后，却再也难得安宁，百官们质疑不断袭扰，多有要求弹劾奏折传至皇帝的手中。这其中欧阳修也上了一道特别有名的奏折，那就是《论狄青札子》。他说武将位极人臣，哪怕忠臣，难免被属下裹挟生出事端，所以要罢废狄青，以免让这样一个忠臣成为祸患天下的罪人。

宋仁宗非但不为这些言辞左右，反而力挺狄青，视其为国之栋梁。但这并没有打消欧阳修的心结，今逢灾雨，他再次上谏罢免狄青。他说：水者，阴也；兵者，阴也；将者，亦阴也。如今大雨连连，水患满国，不正是武将狄青身居显位的不祥之兆的应验吗？另外，百姓们传言狄青家中时有奇光照天，一片辉煌。特别是大雨来临之际，狄青避雨于相国寺中，他在寺中的大殿里走来走去，身形高大雄伟，连那神像都成了他的陪衬，大有君临天下之风。总之，各种传闻直指狄青，就算狄青没有异志，可百姓们对他拥戴喜爱之情，怕也会惹出江山不稳的祸患来。

欧阳修的几道奏章一出，朝中的诸多文官也都随声附和，为防患于未然，罢狄青乃当务之急。

面对满朝的谏言，宋仁宗非常气愤，说狄青九死一生，战功卓越，谁人可与他相比？就算做这枢密使也无法和他的功绩匹配，只可惜没有更高的职位去封赏他了。让人很不明白的是，这样的良将忠臣，大家为何一再难为他呢？

宰相文彦博听了仁宗皇帝的责问，并没有立即说什么，退朝至无人之处悄声对皇上说：谁能说咱们的圣祖皇帝当年不是周朝的一个大忠臣呢？

上，默然。一句话，堵得仁宗哑口无言。

的确，宋高祖赵匡胤原是周朝的一代名将，被属下兵士黄袍加身，于是就有了陈桥兵变，夺了柴家的江山。得了天下之后，他以自己之心，度别人之腹，在庆功宴席上，解职了那些功勋将领。这就是历史上有名的"杯酒释兵权"。而且，为了防止一方大员拥兵自重，并对军事机构进行了种种改革，并特别强调日常对兵士进行训练的官员，无权调动军队，而能调动军队的将领，平素里又不与士兵接触。

人常说，赵匡胤是一个马上皇帝，却酷爱读书，所以对文人格外器重。我却要问，他难道没有从自身的行为上汲取一些经验，从而出台了那重文轻武的治国方略？

这，当然不是我自己多想吧？

如今，屡屡带兵打仗的狄青，深为将士们喜爱，又位极人臣，似乎有悖于立国之策。难怪为朝中群臣一再弹劾，视为祸患。

八月十四日，注定狄青不会迎来一个美丽的月圆佳节了，他，被罢除了枢密使一职。如此的无妄之难，狄青深为不解，也极力辩驳，责问宣读圣旨的文彦博道："我无过失，何以罢我？"

文彦博冷冷地答道："无他，皇帝疑尔。"

简单的四个字，真如晴天霹雳，让狄青百口莫辩。

贬出京城也就罢了，朝中却又时常派宦官前去抚慰。说是抚慰，实为探其口风，监督其举止。

武将之勇，在于一股志气，少有唯唯诺诺，才能攻城掠地。狄青，虽然也读过不少书，但都是忠勇之词，征战之谋，毕竟还只是一个武将，贬至荒地，不会以诗词来排解心中的郁闷之气，不到两个月，也就郁郁而终。时年只有49岁。

名臣欧阳修，良将狄青，本应同扶帝王，携手治国，可欧阳修在这件事上，虽然出于善意，但终究没有把握好轻重浓淡，制造了这样的悲剧。以致后来又出了南宋岳飞疑案，许多人也说秦桧是套用了欧阳修的思维。

唉，果然是，南北两宋都有"莫须有"啊。虽然不能同一而论，但一抹暗彩，让人对欧阳修的品德有了一些微词，实在是一种遗憾。

春蚕食叶声

嘉祐二年（1057）正月，欧阳修权知礼部贡举，主持科考。欧阳修虽仕途浮沉，却忠心不二，一心报国。但在他情感深处，文字更是温暖心灵的真爱，朝暮相守，如酒如花。少年时得《昌黎先生文集》，从此以韩愈笔墨为指南，立志纠正骈体文的华丽雕琢，将简易自然的文风推行于世。而此次欧阳修主持科举，正是纠正文风，导引文章流向的大好时机。

开考之时，欧阳修看着天下才俊汇聚一堂，潜心答卷，宁静之中只有笔在纸张上游走的细微之声，犹如春蚕嚼食桑叶。的确，这些少年英才，朝气蓬勃，真是嫩如春蚕，有朝一日蜕变成蝶，必将利于国家盛世。欧阳修想到这些，不觉欣喜地轻轻吟道：

> 紫案焚香暖吹轻，广庭清晓席群英。
> 无哗战士衔枚勇，下笔春蚕食叶声。
> ……
> ——《礼部贡院阅进士就试》

然而，当欧阳修评判士子们的试卷时，这种欣喜却烟消云散了，因为映入他眼帘的，是一些晦涩难懂的文字，让他更气愤的是，一张试卷上竟然这样写道：

  天地轧，尤物茁，圣人发。

  欧阳修看罢，对其他几位考官说："这文章一定是那个叫刘几的人写的。"于是，也学着他的口吻在后面批注道：

  秀才剌，试官刷。

  然后用红笔将文章抹涂了一遍，感觉还未解心气，双批注了"大纰缪"三个红色的大字。等揭去糊名，果然不出所料，文章正是石介的得意门生刘几写的。
  庆历年间的文学改革条规没能实行，但也让很多人认知了骈体文的浮艳的确不可取，这样的文风在潜移默化的抑制中也渐渐消散。当时的石介"酷愤时文之弊，力振古道"，这似乎与欧阳修的主张不谋而合。可石介纠正时文之风，却渐入荒偏思路，文字讲究奇绝怪异，实在是晦涩难懂。因为当时石介为国子监直讲，后又就任太学馆，这种文风也就有了很多的追随者，逐渐形成文风荒诞的"太学体"。欧阳修对于这种纠错入偏的荒缪之举深恶痛绝，曾经和石介力辩数次，可石介一意孤行，毫无悔改之心，依然我行我素。
  刘几承继石介的衣钵，"太学体"的写作无所不用其极，在青年士子中颇有影响，认为是当届状元的有力争夺者，不想，欧阳修大笔一挥，将其打入了另册。
  欧阳修正气愤之时，辅助科考的好友梅尧臣，却递给他另一份试卷，并连声赞叹。文中这样写道：

  尧、舜、禹、汤、文、武、成、康之际，何其爱民之深，忧民之切，而待天下以君子长者之道也。有一善，从而赏之，又从而咏歌嗟叹之，所以乐其始而勉其终。有一不善,从而罚之,又从而哀矜惩创之,所以弃其旧而开其新。

……

当尧之时,皋陶为士。将杀人,皋陶曰"杀之"三,尧曰"宥之"三。故天下畏皋陶执法之坚,而乐尧用刑之宽。

……

可以赏,可以无赏,赏之过乎仁;可以罚,可以无罚,罚之过乎义。过乎仁,不失为君子;过乎义,则流而入于忍人。故仁可过也,义不可过也。

文章只有短短六百字,却以古论今,理辩清晰,词义自然流畅入心,深有见地,让人耳目一新。欧阳修看罢,也击节叫好,立即提笔列为第一。可转念一想,能写这么好文章的人,这些学子当中少有人在,只有自己的弟子曾巩才有这样的才华。尽管文章写得如此之好,但如果将曾巩列为第一,只怕人们怀疑他有私弊之心。另外,文章中的"三杀""三不杀"典出何处,难以确定。欧阳修为此和梅尧臣也有过探讨,梅尧臣却说文章写这么好,这个作为论据的小典故出于何处就无足轻重了。欧阳修正是知天命之年,博古通今,学富五车,可谓当时文化第一人,对这样的上古事例竟然不曾知解,也有所疑虑。限于用典之虚,忌惮师徒之私,以免惹人口舌,他犹豫再三,最后还是摇了摇头,将第一勾去,改成了第二。

皇榜揭晓,那篇被考官们极力赞扬的文章作者,竟然是此前默默无闻的眉山苏轼,大大出乎欧阳修的意料。当他听说苏轼是苏洵的儿子的时候,又频频点头,感觉又不在意料之外了,对四周的同僚们赞道:

读轼书,不觉汗出。快哉!快哉!老夫当避此人,放出一头地也。可喜!可喜!

这是说读苏轼的文章，不知不觉就会热汗满身，浑身通透，真是痛快，痛快啊。我应该退避一方，让出路径，让这文章少年出人头地，大放异彩。这事，实在是可喜可贺啊，可喜可贺。为此，他还多次让自己的孩子阅读苏轼的文章，并说：

汝记吾言，三十年后世上人更不道我也！

你们记住我的话，将来苏轼必将独立文学巅峰，成为一代领袖，不会再有人提起我。

苏轼考取了第二名，而他的弟弟苏辙也高中皇榜，两人随父亲苏洵一起拜见欧阳修。对于苏洵，欧阳修早就有所了解，对他的文章非常喜爱，没想到他的两个儿子竟然也如此优秀。欧阳修看在眼里喜在心中，与父子三人在府中相谈甚欢。言谈中自然又说到了本次科考，欧阳修就问苏轼那文中的"三杀""三不杀"出自何处？

苏轼答："典出《三国志·孔融传》。"

欧阳修对《孔融传》是非常熟悉的，可不曾记得有这样的细节，心想也许是自己漏忘了，于是又仔细地翻看了一下《孔融传》，却依然发现书中没有这样的典故，只好再次问苏轼。

苏轼道："想当然耳。"

欧阳修笑了笑，说："怎么个想当然呢？"

苏轼回答道："曹操灭了袁绍，就将袁绍的儿媳赏给了自己的儿子曹丕。孔融闻听，异常气愤，怒道：'商周时期，周武王灭了纣王，将其宠妃妲己赏给了周公，这样将亡国之妖女重启宠爱，是为不祥之举，极不足取。'曹操听后非常惊讶，问这事在哪里有记载。孔融说：'以你今天的举止，当年也一定是这样的状况，想当然罢了。'所以，'三杀''三不杀'也是学生凭古人的德行，想当然耳。"

好一个"想当然耳"，其实这正是一代文学大师的发散思维。

> 欧退而大惊曰："此人可谓善读书、善用书，他日文章必独步天下。"
> ——《诚斋诗话》

一个不过二十岁的少年小子，却得到当朝名士、朝廷重臣欧阳修青睐有加，的确是他宽于用刑，重于奖掖的论理，闪耀着人性的光芒，正与欧阳修的施政主张完全一致，而其简明自然的文风亦与欧阳修声息相通。后人李涂在《文章精义》中写道：

> 韩文如潮，柳文如泉，欧文如澜，苏文如海。

四句四字短句，准确地把握住了四人各具特色的文气，也道出了他们一脉相承的恣意文风。欧阳修一直以发扬韩愈的文墨为梦想，而今天见到有同样创作追求的苏轼，自然是喜不自胜，极力推介也就在意料之中了。

然而，因为"太学体"的废止，使得刘几等多数权贵子弟无缘皇榜，因此对欧阳修等主考官大为不满，竟然当街围攻谩骂，并向其家中投寄祭文，进行诅咒、羞辱。面对这样的纷乱结果，欧阳修早有预料，他不避不惧，坚守主见。更让欧阳修深感欣慰的是，宋仁宗此次大力支持他们，将本次圈定参加殿试的学子全部录用。这在以前是从来没有过的，历次殿试，都会多多少少要废掉几个人。

欧阳修等主考官的确也不负皇恩，显示出了慧眼识珠的过人之处，本次科考，一举网罗了苏轼、苏辙、曾巩、张载、程颢、程颐、曾布、吕惠卿、章惇、王韶等十名名动千古的文武重臣，竟然有九人官至宰相高位，被誉为"千年科举第一榜"，可谓空前绝后。只是稍感遗憾的是，被勾选为状元，也被苏轼赞为"百年无人望其项背"不世之才的章衡，却少有功绩，略显平庸。

而此时，因为欧阳修的大力举荐，苏洵已经名动京城，王安石也在仕途上渐起发达。至此，文章六大家齐聚北宋，成为难得一见的文学盛况。这一切都是欧阳修的不世之功。更让欧阳修激动的是，刘几从此痛改文风，更名刘辉再赴考场，高中皇榜。天下文章终于拨乱反正，从错缪的淤泥中脱颖而出，归于清流。

第七章

归去来兮

憔悴人应怜

随着位高权重，欧阳修的心境愈加悲苦。作为一个文章大家，还是脱不了书生之气，应对那些长于官场争斗的权贵，颇感吃力。可他又不愿意做一个庸官，混迹于朝堂之上。每日里谋国计，求民生思虑重重，劳心费力，日显憔悴。

> 自从中年来，人事攻百箭。
> 非惟职有忧，亦自老可叹。
> 形骸苦衰病，心志亦退懦。
> 前时可喜事，闭眼不欲见。
> ……
> 纷华暂时好，俯仰浮云散！
> 淡泊味愈长，始终殊不变。

在这篇题为《读书》的诗作中，欧阳修写了读书之趣之益，更露出了疲累的心境，渐生退隐之心。

的确，曾经立志报国，激情满满，可世界并非君子心中的丽日晴天，那种钩心斗角的私利之争，让欧阳修非常苦恼，烦忧不断。有时候他也不住地反思，自话自问，这种烦恼的根源何在？价值几何？于是他用一篇《秋声赋》，以悲秋为意旨，写出了自己苦闷的心情，文中最后感叹道：

> 嗟夫！草木无情，有时飘零。人为动物，惟物之灵。百忧感其心，万事劳其形，有动于中，必摇其精。而况思其力之所不及，忧其智之所不能，宜其渥然丹者为槁木，黟然黑者为星星。奈何以非金石之质，欲与草木而争荣？念谁为之戕贼，亦何恨乎秋声！
>
> ……

人非草木，应该懂得遵循自然，该老就老。何必为了一时的荣华，而怨恨秋意的肃杀呢？

秋声之叹，秋叶之思，不正是归根之寓？

是啊，既然为争斗所累，又不想随波逐流苟且于官场，那就应当弃了朝服脱了朝靴归于乡里，何必在这秋声里飘零？

然而，正当欧阳修心生退隐之意的时候，嘉祐六年（1062）八月，宋仁宗得了一场大病，一时间朝廷上下一片慌乱，因为之前百官虽然屡屡上谏，请求皇上尽快确立太子，可仁宗闪烁其词，一拖再拖。如今他病入膏肓，竟然还不知谁来接掌江山，于国于民都将是大祸患，这还了得？欧阳修只好打起精神，为朝廷易代尽心尽力，与皇上和各位要臣商定将仁宗其弟濮王之子赵宗实立为太子，并更名为赵曙。将建储之事安排妥当后，皇上为了表彰欧阳修的功绩，特赏他朱紫官袍、金腰带，进阶为宰执大臣。面对如此的荣耀，欧阳修毫无窃喜之心，时时躬身自醒，总以为自己以毫发之功，却得高山之贵，愧对皇上圣恩。可不待他提出退隐之请，宋仁宗再次暴病，嘉祐八年（1063）三月二十九日晚驾崩。欧阳修再次和宰执大臣们出面，将不愿就位的赵曙拥上龙椅。本以为安排就绪，不想英宗赵曙继位不久就得了病，终日疯言疯语，文武百官无不忧心忡忡。几位朝臣又紧急议事，商定由皇太后曹氏垂帘听政。当时英宗因病导致精神失常，常有言语冲撞曹太后。曹太后甚是不乐，几次心生废帝之念，欧阳修晓之以情，动之以理，弥合了母子二人的嫌隙。

危难之处，欧阳修不辱使命，为江山平稳立下卓越的功勋，朝臣们多次动议，将他擢升为枢密使，他却坚持不受。大家见他不是虚伪之人，只好作罢。朝廷为了表彰他的功绩，还是嘉奖他为金紫光禄大夫。

朝廷终归正途，欧阳修心归平缓。也许是从高度紧张的精神状态中松弛下来的缘故，他原本并不健康的身体一下子更糟糕了，而没想到的是，几个孩子竟然全都病倒了，女儿竟然一病不起，不幸夭亡。心力交瘁的欧阳修再次向朝廷提出外放州县，却未能得允。

治平二年（1065）四月，英宗因不是仁宗亲生，一时间为追称皇考、皇伯再起纷争。朝堂之上两派并立，互不相让，虽然论战一年有余才平息，但双方并没有和解归一，因此，欧阳修又多了许多政敌。

家国之事的纷纷扰扰，让欧阳修更显憔悴，整日昏沉叹息，对于乡隐的生活更加渴盼：

节物岂不好，秋怀何黯然。
西风酒旗市，细雨菊花天。
感事悲双鬓，包羞食万钱。
鹿车终自驾，归去颍水田。
——《秋怀》

又是秋雨秋心，他真的想好好休息一下，不料朝中又起大事。宋英宗在位仅仅五年，就于治平四年（1067）驾崩。

宋英宗病逝，文武大臣们都应着素服以示哀悼，欧阳修因一时慌乱疏忽，丧服中竟然内穿紫袄，因"尤伤礼数"而被弹劾。好在继位的神宗赵顼爱惜他是功绩卓越的老臣，悄悄压下奏折平息了此事。但让人没有想到的是，欧阳修妻子的堂弟薛宗孺，因受赃官牵连获罪。本以为欧阳修会出手相救，但欧阳修力挺公正执法，薛宗孺也就被罢免了知州一职。为此薛宗孺怀恨在心，四处散布谣言，称欧阳修为老不尊，悖违纲常，大耻不羞，竟然与长媳吴氏行乱伦之丑。欧阳修曾经大力提携的蒋之奇，也乘机反戈一击，借用谣言，奏请皇上将欧阳修斩首示众，以正纲常。

欧阳修闻听此事，气愤异常，颤抖着双手连写三道札子，奏请皇上彻查黑白。他说：

> 臣夙夕思维，之奇诬罔臣者，乃是禽兽不为之丑行，天地不容之大恶。臣若有之，万死不足以塞责；臣若无之，岂得含胡隐忍，不乞辨明？伏况陛下圣政惟新，万方幽远，咸仰朝廷至公，不为辨曲直。而臣身为近臣，忝列政府。今之奇所诬臣之事，苟有之，是犯天下之大恶；无之，是负天下之至冤。犯大恶而不诛，负至冤而不雪，则上累圣政，其体不细。由是言之，则朝廷亦不可含胡，不为臣辨明也。大抵小人欲中伤人者，必以暧昧之事，贵于难明，易为诬污。然而欲以无根之谤绝无形迹，便可加人，则人谁不可诬人？人谁能自保？欲望圣慈特选公正之臣为臣辨理，先赐诘问之奇所言。是臣闺门内事，之奇所得，必有从来，因何彰败，必有踪迹。据其所指，便可推寻，尽理根穷，必见虚实。若实，则臣甘从斧钺；若虚，则朝廷典法必有所归。
>
> ——《再乞根究蒋之奇弹疏札子》

身为国家要臣，文坛领袖，已在花甲之岁，遭受如此大恶，欧阳修实在无法接受，拒不上朝，只待结果。原本去意已定的他，却因这几年朝中诸多大事的牵绊，滞留京城。好不容易朝中平稳，不想又起突变，他叹道：

风波卒然起，祸患藏不测。
——《感事四首》其四

劳心于国事，本是疲惫不堪，再生这般"禽兽不如"的污辱，短短几日，欧阳修已是须发苍苍。他闷坐在书房之中，不知饥渴，不问朝夕，形如枯槁。家人多来劝慰，亦不言语，只有眼角溢出的几滴浊泪，显示着他的生息。

可叹一代文宗，这般憔悴，谁不落泪？

写到这里，我无心敲打文字，重重地叹了一口气，走向阳台。谁想窗外正是风寒扫落叶的季节，满眼的瑟瑟，让我又不觉黯然，倏忽间想起刘禹锡的《秋风引》：

何处秋风至，萧萧送雁群。
朝来入庭树，孤客最先闻。

想那时的欧阳修，真可谓"冷冷清清，凄凄惨惨戚戚，必然备感孤独吧？

自脱头上巾

参天大树，实为花叶所累，才为风霜所伤，退去繁华，归于疏朗，也就少了是非。位高权隆的欧阳修，却有《秋声赋》的凄凄切切之叹，似有悖常情，其实当是他看穿了人生阴晴，悟透了岁月兴盛，早生淡然之心吧？

尽管朝廷以"空造之语"痛斥了上折弹劾欧阳修的人，并将他们贬废；尽管皇上几次派近臣到府上安慰，然而，欧阳修去意已决，避不上朝，接连上奏宋神宗肯求辞离京城，外任地方。

朝廷渐稳，文坛归正，欧阳修以宰执大臣之职，做到了他应该做的，而身体的日渐衰弱，也让他了无情志，好友梅尧臣和苏洵等挚友知音相继故去，也让他备感寂寞。的确，这正是离去的好时机。

宋神宗再三挽留未果，只好答应了欧阳修的就任州郡之请。

治平四年（1067）闰三月，欧阳修出知亳州，他在朋友送别时写下了一首《明妃小引》，其中叹道：

上马即知无返日，不须出塞始堪愁。

有人说，欧阳修虽然写的是王昭君，但实际上指的是自己，言语之中的凄艾之音，是对京城多有留恋。这，似乎是对文字的误读，欧阳修轻舟而去，真的再无意权贵。回望十四年的汴梁生活，荣辱交错，恨爱参差，虽然位达高峰，却也品尝了友情的裂变，亲朋的离去，几无一日清闲。再想州郡的日子，虽多是贬罢，却多得文章情趣，心思悠然，两相映照，何来留恋京城之心？

"优游田亩，尽其天年。"（《归田录序》）已是欧阳修真实不二的归意。

晚春之际，绚丽退去，日子渐归宁静，欧阳修特意折转颍州，本意置一处新宅，作为归隐的住处。还好，当年为母守孝时置买的老屋不曾倾废，修缮一下就是可心的居所，这，实在是意外之喜，他高兴地挥笔写道：

> 齿牙零落鬓毛疏，颍水多年已结庐。
> 解组便为闲处士，新花莫笑病尚书。
> 青衫仕至千钟禄，白首归乘一鹿车。
> 况有西邻隐君子，轻蓑短笠伴春锄。
> ——《书怀》

欧阳修自嘲似的说自己老成这个样子了，大家不要笑话，其实早该脱去官服，做一个闲人，和隐士为伴，养养花，种种草。这样轻松的文字，多年来极少涌流在欧阳修的笔端了，此时他欢快的心情可见一斑。

亳州，小城，日子简单安逸，欧阳修的心思再次飞扬起来：

> 使君居处似山中，吏散焚香一室空。
> 雨过紫苔惟鸟迹，夜凉苍桧起天风。
> 自醪酒嫩迎秋熟，红棘林繁喜岁岂。
> 寄语瀛洲未归客，醉翁今已作仙翁。
> ——《郡斋书事寄女履》

高处的端坐，不如低处的行走，身处四季声息相闻的小地方，这才是幸福。曾经迷恋山景水色的醉翁，如今像仙翁一样，淡然风雨，与自然相融相通，不在日月外，归于草木中。真的，当你不再以欣赏的眼光看一切，而是望天心如云，看地心是泥，见河心归水，这才得真自在。

　　早在多年前，欧阳修刚过五十岁，就开始记录一些朝中的闲趣轶事，放逐心情。知天命的欧阳修性情渐归自然，不再拘泥于理智，多有情怀的流露。他一生虚怀若谷，特别是文章之事，从无自夸。自言没有什么才情，不过是卖油翁一样，"惟手熟耳"罢了，而那时，他写下《和介甫明妃曲二首》后，却夸自己的几首诗作可与李白杜甫媲美，甚至他们也有所不及的地方。

　　何必总把自己包装隐藏，该说说，该做做，随心最好。岁月让他懂了，也会让许许多多的人一点点懂了。

　　只是随后的日子朝廷几易帝王，政事纷杂，欧阳修不得不收拢随心之情，无暇打理那些清趣的旧事。在亳州，他终于有时间将散乱文字归纳成册，题为《归田录》。何谓归田？其实是归心吧？于闲暇的树荫下，卷自己的文章在手，如品花香之味，如赏蝴蝶之趣。渴望归于自然的心迹是这般明了。不过，说归自然，终难了无牵挂。当宋神宗闻听《归田录》深为众人所爱，也来索阅时，欧阳修还是有所顾忌，将可能牵惹变故的文字匆忙间进行了大量的删改，而致最初的文本湮灭于岁月的尘烟之中，了无影踪，好不遗憾。

　　亳州虽然自在，但还是被官家印信所累，尚不能自由出入柴门，随心往来田间，欧阳修在任第一年的时候，接连上书，以体弱昏庸为由，请求退隐。他以为皇上会很快批准他的请求，那样他就可以逍遥颍州了。憧憬着归去的自在，不觉又想起了曾经泛舟颍水的旧时光：

　　　　焦陂荷花照水光，未到十里闻花香。
　　　　焦陂八月新酒熟，秋水鱼肥鲙如玉。

清河两岸柳鸣蝉，直到焦陂不下船。

笑向渔翁酒家保，金龟可解不须钱。

明日君思许归去，白头酣咏太平年。

——《忆焦陂》

然而，欧阳修的愿望却落空了，奏折不仅被朝廷一一驳回，还进阶提拔，调往青州充京东东路安抚使。无缘无故的封赏，让欧阳修大为愧怍，再三请辞，皇上坚持不允，在诏书中劝慰道：

敕修：海岱名都，太公旧履，镇抚一路，朕难其材。卿实元勋，以忠许国，谓当亟往，卧以治之。

青州是海岱名都，曾是姜太公的封地，又是安抚京东东路的军事重镇，只有你欧阳修这样的国家元勋才能担当此任。的确，此前多由重臣就任青州，一代名臣范仲淹、富弼都先后任知青州。欧阳修无力推辞，只好无奈赴任。

青州，古"九州"之一，东方重镇，事务自然繁忙，与亳州相比少有清闲，但又不好再轻言退去，所以他在青州"不见治迹，不求声誉"，但这并不代表他混迹之心，而是坚持"以宽简不扰为意"的政务风格的延续，轰轰烈烈本就不是他的心性，但对老百姓的事却"勤而不省"，两年之后，青州出现了一片"年时丰稔，盗讼稀少"的盛和景象。这，本就是民心所求。

青州多山多水，正应了欧阳修的心，渐渐地他也爱上了这里，他在《留题南楼二绝》中写道：

一

偷得青州一岁闲，四时终日面屏颜。

须知我是爱山者，无一诗中不说山。

二

醉翁到处不曾醒，问向青州作么生？

公退留宾夸酒美，睡余倚枕看山横。

有了这么多的山水可依恋，欧阳修虽然时有归乡之心，但还是在这里为官多年，在他晚年的仕途里，是安心相守较久的州郡。

熙宁三年（1070），青州任期将满，皇上再派内臣来看望欧阳修。欧阳修以为是皇上答应了他致仕的请求，谁知竟然又将他提升要职，并宣他进京朝见。欧阳修大为吃惊，上折奏道：

是每求退则得进，每辞少则获多。使其一出偶然，人情犹或少恕，若其每举必尔，则公议岂复可容？虽幸人之未言，顾臣何以自处？此臣所谓心怀自愧，义有难安者也。

辞退得进，辞少得多，若是偶然一回也就罢了，皇上一再这样恩赐于我，别人一定会有所非议，这不是陷为臣不义吗？那怕别人真的不说，我自己也会惶惶不安。

欧阳修连上六道札子，请求朝廷收回宣他高升的圣命。

宋英宗面南背北以来，深感国家积弱已深，民事贫苦，为内忧外患所困，所以他渴求改革，力振国势，于是他重用王安石，推行变法。

欧阳修本无心政事，但变法之迅猛操之过急，尤其是只唯"国计"，不为"民生"的青苗法，更是祸患无穷。他一边上书皇上，一边号令京东东路各州县，不向民间发放"秋料青苗钱"。为此，欧阳修得罪了王安石和宋神宗，断了他升任宰相的又一大好时机。

很多人看来，这又是宋史中的一段遗憾，但对欧阳修来说，却不是如此。遥想当年，就曾有任职宰相的良机，他都断然拒绝，如今归隐之心年盛一年，即使皇上发下升迁的诏令，欧阳修想来也不会接旨。退职田间，已是他唯一的心向之意。

王安石变法，让欧阳修深感官场纷乱，更坚定离职归民之意，一道道奏折急送京城。宋英宗见他去意已决，收回了让欧阳修进京的成命，改知蔡州小城。蔡州小居半年，欧阳修数上表札，请求解职还民。熙宁四年六月一日，欧阳修得皇上恩准，解职还民。数年的奏章周折，终归心愿。

唯有归来是

思归，是对宁静的呼唤，人生长途时有泛起。而岁不在夕阳的归心，尽是虚伪，只盘桓了那么一时，早已念起诗与远方，而再次出发。风霜累累加加，终是无力载得动，归心才是真，情怀软懒成泥，只求故土的相依。

欧阳修早在任职亳州的时候，就几札几折奏请朝廷退职乡野。六十一岁，可与他的"六一"声息相通吗？虽然无奈又在官场踉跄了多年，却不敢挥霍职责，尽力做好最后的担当，但归心却日盛一日。

故乡，是归心的地方，可对欧阳修来说，哪里是故乡呢？

江西吉安，是欧阳修的祖籍之地，他也曾说过，百年之后葬在父母身边，守孝仙界。可那里不是他的出生地，也很少前往，于心灵深处真的不是故乡。他一生周折处处，一山一水，一城一池，多是一年半载的停留，虽有诗词相爱，却并不是家乡情怀。东京汴梁几进几出，在那里沉浮了二十年之多，也达到了人生的高峰，但那仕途的尔虞我诈，实在不是他的喜欢。京城，绝没有乡情之爱。颍州小城，他却是一见倾情，再见倾心，从此喜欢不舍，前前后后八达此地，也认定了这里是归心的地方，从此翘首以待，以故乡相爱。熙宁四年（1071），欧阳修终于归来：

悠悠身世比浮云，白首归来颍水渍。

曾看元臣调鼎鼐，却寻田叟问耕耘。

——《退居述怀寄北京韩侍中》之一

清风徐徐，荷香阵阵，远离政坛的是是非非、纵横纠葛，尽享水湄花香的自在，着一身道服，超然物外，真是神仙一样的好享受。

最初的日子，朋友还有所担心，多来信相问，以示安慰。欧阳修提笔答道，真想寄一片波光给远方，真想寄一缕月色给朋友，每日里，无所困累，访访邻居，问问桑麻。并说那一日他在柴草边看两个公鸡斗架，好不有趣，待家人寻来，才知道午饭早已过了。还有那天夜里，他觉得斗蝈蝈特别有趣，竟然约了后院的孩子去野坡上捉。鞋也脏了，衣衫也破了，惹得老妻好一顿嗔怪。文字里无半句病痛的呻吟，无一缕寂寞的叹息，这般欢快的文墨，哪是一个因病退闲的老翁，俨然是一个烂漫的孩童。

率性的举止，随心的情趣，归隐在西湖左岸的欧阳修，无拘无束，文字多是欢意的吟唱。为了展示情怀，他特意将一些旧时的诗词，新编成《采桑子》十首，并让歌舞者谱曲演唱于水边的亭台，有时竟然亲自操琴吟咏。这曲连章鼓子词，迅速传唱于小城远近，甚至是乡间的老妇老翁，也能击打着碗碟吟唱：

轻舟短棹西湖好，绿水逶迤，芳草长堤，隐隐笙歌处处随。

无风水面琉璃滑，不觉船移，微动涟漪，惊起沙禽掠岸飞。

——《采桑子》之一

春深雨过西湖好，百卉争妍，蝶乱蜂喧，晴日催花暖欲燃。

兰桡画舸悠悠去，疑是神仙，返照波间，水阔风高扬管弦。

——《采桑子》之二

画船载酒西湖好，急管繁弦，玉盏催传。稳泛平波任醉眠。

> 行云却在行舟下，空水澄鲜，俯仰流连。疑是湖中别有天。
>
> ——《采桑子》之三

……

西湖好，西湖好，反复咏叹，欧阳修的喜爱之情快意如流泉，潺潺地向远方而去。画舫梦里，芳草枕边，弦管声声远近飘渺，端的就是仙境呢。恍然醒来，凭栏远望，沙禽掠岸，白鹭低飞，顿觉心宽胸阔，这原来是天上人间。这样的日子，欧阳修好不得意，写信给老友韩绛炫耀说：

> 人事从来无定处，世途多故践言难。
> 谁如颍水闲居士，十倾西湖一钓杆。
>
> ——《寄韩子华》

人生无定，世事多舛，其实一切都是浮云迷雾，忙忙碌碌的，哪如这般垂钓西湖的悠然自乐？这才是大自在。欧阳修时不时地写信给远远近近的朋友，希望与他们共享清逸的时光。

九月，菊花正开，朋友来了，那不是别人，是苏轼、苏澈。师生相见，好不欢心，携了好酒好菜，来到西湖边的一处亲水平台。沐秋阳，看秋水，话秋景，乐不思归。苏轼见恩师容光焕发，神清气爽，大为宽心，高兴地吟咏道：

> 谓公方壮须似雪，谓公已老光浮颊。
> 揭来湖上饮美酒，醉后剧谈犹激烈。
> 湖边草木新着霜，芙蓉晚菊争煌煌。
> 插花起舞为公寿，公言百岁如风狂。

……

> 不辞歌诗劝公饮，坐无桓伊能抚筝。
>
> ——《陪欧阳公燕西湖》

尽管得苏轼极力夸赞，欧阳修自己很明白，这种精神的高涨，不过是因为两个得意门生的到来，一时兴奋的回光返照的表现，毕竟自己真的老了。嬉酒谈笑过后，欧阳修郑重要求苏轼承继文坛盟座，开创文学更新的路途。苏轼对老师这般的信任，起初还稍有惶恐，最后长跪叩拜，暗暗立下誓言：

我所谓文，必与道俱。见利而迁，则非我徒！

苏轼的一生，虽然仕途荣辱起浮，深受波折，但于文学一途，从不敢苟且，尽心文墨，终成一代宗师，实在不枉了欧阳修的谆谆教导，未曾辜负了欧阳修的苦心。

伯乐与千里马的相遇，不是单一的幸福，而是两者的幸运。有慧眼，得有良材可辨，而良材也得慧眼来识，这才是完美。

欧阳修和苏轼的两两相遇，实在是一大奇迹，双峰并立，傲视人文，可以说完美得无出其右。

此时再次想起那句"文人相轻"的俗语，欧阳修不是文人吗？古今千年，所谓的文人熙熙攘攘，如过江之鲫，谁能真正地学一学欧阳修呢？每日里独自卖弄文字也就罢了，更有甚者，辱骂同道，尽失斯文，实在是对一个"文"字的糟蹋，真是可叹。

进，孜孜以求；退，荣辱两忘，这就是欧阳修，而在当时人们就纷纷赞道："近古数百年所未尝有，天下士大夫无不惊叹仰望"，称其"可谓有君子之勇"。

早在治平三年，欧阳修曾经将自己别号改为六一居士，当时少有人解，多有求问，欧阳修也只是笑而不答。如今他归心颍州，写了《六一居士传》，终于在这篇文章中，以幽默的问答解释了那个别号：

六一居士初谪滁山，自号醉翁。既老而衰且病，将退休于颍水之上，则又更号六一居士。

客有问曰："六一何谓也？"

居士曰："吾家藏书一万卷，集录三代以来金石遗文一千卷，有琴一张，有棋一局，而常置酒一壶。"

客曰："是为五一尔，奈何？"

居士曰："以吾一翁老于此五物之间，是岂不为六一乎？"

文章传出，天下人无不为欧阳修的达观风趣折服，那个谏如匕首，论如刀枪的朝廷重臣，脱去官家衣冠，一旦归于乡野，竟是如此的可爱。

是的，退身颍水的欧阳修，常常夜里卷一本书，以星空为棋，弄风声为琴，斟月色为酒，归于"六一"，简单而爱，虽素淡，但却是别样的舒展。人生最好，当是如此的自在随心吧？只是世间之人少有这样的心智，更难有这样的心态，"舍得"两字，掂量了一辈子，也不懂舍得。

落照在高峰

岁月总是这么无情,不会因谁而稍作缓留,任你是才如子建,貌若潘安,锦瑟年华转眼就是鸡皮鹤发。那方里,谁吟一句:"结庐在人间,而无车马喧。"谁又说"行到水穷处,坐看云起时"。谁又接一句:"去留无意,望天上云卷云舒。"世间本有这么多释然之士,也都踉踉跄跄被裹挟而去。

"光阴似箭催人老,日月如梭趱少年。"不尽的脱尘之语,还是经不住这一句的摧残。

退归颍州的欧阳修,早已不是初登洛阳的少年,他,老了,虽然他也有道意佛心,但终是凡尘身体,陈疾新病蜂拥而至。熙宁五年(1072)六月二十一日,是他的六十六岁大寿,这本是一个吉岁之喜,理应大加操办,以示欢贺。可欧阳修只让孩子们置办了一个小小的私宴,没请近邻,更未邀远朋。这倒是符合他一生从简的风格,其实这里他小有私情,更是不愿意让人们看到他最后时日的狼狈。好多天没有去西湖边走走了。此时的他,躺在病榻之上,摸摸孙子,看看儿子,牵一牵老妻的手,挂念不一,俨然一个乡里老人。

老了,就算是满堂儿孙相守,也守不住这油尽灯枯。声息渐弱的欧阳修知道自己时日不多,对孩子们说道:"我一生向不爽约,只是应了前些时来访的赵概,说明年回访府上,这次,怕是我要失言了。也只能先到仙界,等他来责问的时候再致歉意了。"

家人们见他神智如此清爽，以为用药见了功效，好不欢心。其实，欧阳修明白这不过是他站在奈何桥头的努力回望罢了，他紧接着又嘱咐道："韩公与我一生相知，出处进退无不了然。我死之后，就请韩公写墓志铭吧。"

交待完毕，欧阳修长出一口气，不觉又想起了近处的风景，那云烟起处，那鸥鹭飞处；晨色水光，那蛙鸣荷香……都将远了。他努力地翻转身体，趴在枕头上，用颤颤巍巍的笔锋写下了最后的四句诗：

冷雨涨焦陂，人去陂寂寞。

惟有霜前花，鲜鲜对高阁。

——《绝句》

人病力弱，把握不好笔划，墨汁滴答，字迹有些丑。欧阳修笑笑，说这字，三岁的孩子写得也不会这么丑。这一刻，他似想起了小时候荻管画沙，眼里，是涢水的波光点点，又有西湖的清清涟漪。

归去来兮，起于水岸，息于湖滨，一生那么多混浊流离，就求的这一清清答案。

弥留之际，不以豪言写绝笔，而以情怀说牵挂，六一居士归田归心归真，这才是血肉的真光芒，是为我爱。

闰七月二十三日，六十六岁的欧阳修病逝于西湖之畔，恰是他生日后的六十一天，又应了他六一居士的数理。周折一生，尽心尽责，真是厚德得天道。

讣告传出，圣上不胜悲叹，诏令休朝一日，以示哀悼。文武品德之臣闻之，无不凄然，纷纷提笔祭念，欧阳修的第一弟子，托以旗帜相擎的苏轼叹道：

呜呼哀哉！公之生于世六十有六年，民有父母，国有蓍龟。斯文有传，学者有师。君子有所恃而不恐，小人有所畏而不为。譬如大川乔岳，不见其运动，而功利之及于物者，盖不可以数计而周知。

王安石虽然不是欧阳修的亲点门生，但多有提携推举，也深有师生之爱，尽管政见有所不同，情谊却超然物外，深厚非常人所及，祭念之思，堪称第一：

如公器质之深厚，智识之高远，而辅以学术之精微，故充于文章，见于议论，豪健俊伟，怪巧瑰琦。其积于中者，浩如江河之停蓄；其发于外者，灿如日星之光辉。其清音幽韵，凄如飘风急雨之骤至；其雄词闳辩，快如轻车骏马之奔驰。

曾巩与欧阳修认识最早，志趣相投，行事举止，多有欧阳修的法度风范，当得知恩师病故，竟然难择言辞，"闻讣失声，皆泪横溢"，他叹道：

惟公学为儒宗，材不世出。文章逸发，醇深炳蔚。
……
维公平生，恺悌忠实。内外洞彻，初终若一。
……
维公莘莘，德义撰述。为后世法，终天不没。

而为相十载，辅佐三代帝王，忠正朝廷，抚爱天下的北宋名臣韩琦，更是在祭文中赞道：

公之文章，独步当世。
……

>　　公之谏诤，务倾大忠。
>
>　　……
>
>　　公之功业，其大可纪。
>
>　　……
>
>　　公之进退，远迈前贤。

　　一时间，天下文章悲情不断，纷纷遥祭欧阳修。权重之声篇章不一，多有史记，而乡野之音，却是累累难查，多年之后，在那偏远荒僻的小镇，竟然时常听闻唱念欧阳修的曲词，声声的泪，好不感人。

　　熙宁五年八月十一日，欧阳修被赠予太子太师，后又追赠"文忠"谥号、兖国公。只可叹的是，他没有被葬于最爱的西湖水岸，也没有归葬于老家吉安。以北宋的律法，亡故的朝廷要臣，都要埋葬在汴梁附近，拱卫京城，大有生为朝廷的人，死为朝廷的鬼的意思。熙宁八年被赐葬于开封府新郑县，一代文宗，终归安然。而皇皇精神，如那夕辉洒照在高山之巅，灼灼灿灿，不胜璀璨，让人在梦里也难以忘记，引一夜星辉。醒来，是一胸的光芒。

　　若无欧阳修，唐宋八大家竟要缺其六，而大半部北宋史都将平庸记述，毫无色香，今日自然随心的文字之美，不知又要迟了多少年。想想，好感慨。

　　品如日光，德如月华，千年已远也熠熠，爱了，我的欧阳修，我们的欧阳修！

后 记

那天，应了这本欧阳修传记的稿约，好不激动，几日后，稍有冷静，始觉唐突了。想我，多写些浮泛的文字，一花一草的格调，着实难以担当了这样的厚重。

心，忐忑。

历史，我爱。回望烟云，掩映处却只得枝丫趣味。

历史，作为一个存在，其实是人的存在，说的是旧人旧事。欧阳修也是历史中人，却觉不旧，虽然也有千年之远，于诸多的文卷书典中，常有他的身影，衣衫也旧，但文字琅琅读来，鲜如花开。

欧阳修不是平常巷陌的诗词者，狭隘里走，不几日，已是斑驳，纸张翻动处，尽是落叶的声息。他宽，他高，他阔，大字句里，尽显江山。

宋人李涂说：欧文如澜。一字之论，精道得无以复加！

少年时初识欧阳修，引为知音，亦以为天下之事，得一个熟字就可通解。从此挥洒青春，不知天高地阔。

我曾以四季的角度去读欧阳修，或春，或夏，或秋，或冬，反复多年，却不得要领。一日，摄影的老友说，一叶障目，是小情小调的趣味，也可把玩。但大壮阔，必须调焦。

一代文章领袖，怎是一季的拘束，起首落款必须统领四季，只叹，我哪有这样的全画幅心胸呢？

我毕竟生于乡村，虽然近有黄河、大运河纵横相依，也有《水浒传》中的梁山可望，但这样的山水，难以映照我的蓬荜之家。祖上亦有孔子这样的至圣先人，只是和我隔了七十五代的岁月，太过遥远，诗书之香也濡染不了我的荒野门楣。我，长在草木丛中，也是这草木之心，高里说，只不过是草木的志向，春有叶绿，秋求果香，素淡而活，又如何面对了欧阳修这样高山级的人物。

我又惶然。

只写了短短的开头，甚至是最纯静清浅的童年都不曾写成章节，我就停了笔。欧阳修，的确是我辈不该如此轻易落笔的，只是应了约，又不好这般失言，犹豫几日，只好四处求问资料。这一查阅，却似草梗在海，茫然无我了。

且不说涉及欧阳修的文字，就是专写欧阳修的书籍，也是洋洋大观，越是翻看，越是感觉自己对欧阳修的生平知之太少，文章理悟太浅。抚摸着那些资料，真是诚惶诚恐，几度是要爽约的，倒是欧阳修的童年之苦、中年之难鼓舞了我。再者，此书初始的要求就是散文体的传记，不求精细于事例，多写情怀感叹。这样瘦于枝干，肥于花叶的写作方式，是我所喜欢的，也就在一个又一个夜里，摸索着键盘，孑孑而行。多少天里，阳光叮叮当当敲打了窗子许久，我都浑然不觉，是妻，在身后悄悄关了书房的灯。

欧阳修，我越写越爱；欧阳修，我越写越慢。眼看约稿的日期到了，我还差不少篇章，原以为就此断了这传记之约，还好，谢谢出版方宽限于我，让我有时间再写我的喜欢。原本是要加快打字速度的，但回头看却少有如意。每每躺下来，却总是惊醒，周身已被汗水湿透。认真下来，才觉心安。

每本史册都说唐宋盛世，两代诗文是读不完的风骚。可这两个朝代，并非毗邻而居，那么，中间这段一百五十年的时光哪去了？想想，不过是被唐宋繁盛的文化草木遮蔽了，五代十国的离乱，只是笔墨之余的点滴，可以忽略不看。

我学历史，也是闭了眼仰天念叨着：唐、宋、元、明、清。朗朗复朗朗，不知荒废了多少清晨里的课时。

问我少年学友，谁能浮浅如我？

我这里想说，文化，毕竟是文化人，甚至可以说是读书人的偏爱，历史算是理智的课程了，尚且如此删减。文化名人的传记，更是多有偏废，借讹也就不一而足了。我的借鉴，多来于书籍、视频和网络，我虽然有纠偏之心，但才学粗浅，终难扫荡烟尘，返归本初的曾经。更何况，我也有喜好，笔锋自是难免轻重随心，每与恶丑多是省略，或是一笔带过，这或许使一些人物的立体感差了一些，但我认为，人非至黑至白，不可为打倒或树立，而彰显抑扬情绪，以文墨导引人们的爱恨。

这里，我不是为我没把欧阳修写得栩栩如生找些借口，大家都说，世间能达到"立德、立功、立言"三不朽的只有两个半人，即孔子、王阳明和半个曾国藩，但欧阳修"三立"之行，也足以让我景仰，从任何角度，都可荡我胸怀，励我志节，醒我心神，本应写成高山大海的壮阔感叹，落笔却成了枝叶的窸窸窣窣之声，但绝无刻意，是实实在在地出自我的心中。

是为真，是为爱，是为记。

——2017年冬日 于知风楼